Encyclopédie des

plantes & arbres de jardin

Roy LANCASTER

Encyclopédie des plantes & arbres de jardin

SOLAR

Titre original de cet ouvrage : *What Plant Where* et *What Perennial Where*

Si vous souhaitez recevoir notre catalogue
et être tenu au courant de nos publications,
envoyez-nous vos nom et adresse, en citant ce livre
et en précisant les domaines qui vous intéressent.
Éditions SOLAR
12, avenue d'Italie, 75013 PARIS
Internet : www.solar.tm.fr

Pour la présente traduction :
Responsable éditoriale : Corinne Césano
Secrétaire d'édition : Serge Gras
Traduction-adaptation : Valérie Garnaud-d'Ersu
Composition : Nord Compo, Villeneuve-d'Ascq

ISBN : 2-263-03523-0
Code éditeur : S03523
Dépôt légal : février 2003

Imprimé en Chine

Sommaire

Pour trouver une plante

Si vous recherchez une plante pour des conditions de culture particulières, sol, exposition ou autre, ou encore pour un effet décoratif bien précis, consultez l'index paginé et condensé ci-dessous. Les bandes de couleurs correspondent aux symboles des différents chapitres.

	Plantes vivaces	Plantes grimpantes	Arbustes	Conifères	Arbres
TAILLE ET PORT					
Arbres pleureurs					275
Grande taille			174, 176	238	260
Petite taille			180, 184	252	264
Port érigé ou en colonne				242	293
Port évasé				240	
Taille moyenne			178	244	262
CARACTÈRES SAISONNIERS					
Automne	102, 140		220		286, 288
Été	98				
Feuillage persistant	120	168	210		280
Floraison prolongée	106				
Hiver	76, 104		230, 232		288, 290
suite	141				
Printemps	96				
COULEURS					
Feuillages panachés	130, 132		212	255	282
Feuilles argentées ou bleu-gris	136		216	257	284
Feuilles de couleurs douces ou pâles	112, 114				
Feuilles de couleurs vives	110				
Feuilles jaunes ou dorées	134		214	256	283
Feuilles pourpres, rouges ou bronze	138		218		285
AUTRES CRITÈRES					
Baies attirant les oiseaux			225, 226		288
Épineux			233		
Fleurs attirant les papillons	78		228		
Fleurs et feuillages à couper	73, 74				
Fruits décoratifs			225, 226		288
Haies et écrans			204	250	279
Intérêt varié					292
Parfums	116, 127	169	222, 224		
Plantes aromatiques	54				
Plantes délaissées par les animaux	88-93		234		
Sujets à isoler			174, 176		260
Types peu allergisants	86				

Introduction

La diversité des plantes proposées aujourd'hui aux jardiniers est telle que nous ne devrions plus être confrontés au problème d'une plante souffrant parce qu'on l'a plantée dans un emplacement inadéquat ou qu'elle ne convenait pas à l'objectif recherché.

△ Des achats bien tentants *Il est tentant d'acheter une plante pour l'effet immédiat produit par ses fleurs, fruits ou feuilles, sans se demander si elle se plaira dans votre jardin.*

Nombreux sont ceux qui achètent les plantes sur une impulsion. Vous voyez une plante qui vous plaît, un ami vous offre une bouture, et, sans trop vous préoccuper de ses exigences de culture, vous la plantez dans votre jardin, là où il y a de la place.

La situation peut convenir à cette plante, qui alors s'épanouit pleinement. Bien souvent, cependant, cet emplacement est justement vide pour une raison bien précise : un sol trop humide ou trop sec, une ombre dense, la présence de racines d'arbre... Lorsqu'une plante dépérit pour l'une de ces raisons, vous pouvez soit abandonner, soit essayer de la remplacer.

Mais vous-êtes vous jamais demandé comment on peut obtenir ces superbes jardins que vous admirez dans des revues, des livres, voire chez des voisins ? Même si vous pensez qu'il s'agit là de jardins de véritables experts en la matière, vous vous doutez que vous obtiendriez de meilleurs résultats en prenant le soin de vous renseigner sur les besoins des plantes avant tout achat !

Questions de jardiniers

J'ai travaillé pendant de nombreuses années dans une grande pépinière pour y conseiller les clients dans leur choix. J'y ai rencontré des personnes très diverses : certaines étaient des professionnels ou des jardiniers chevronnés, sachant déjà quelles étaient les plantes qui réussiraient dans leur jardin, mais recherchant des espèces originales ou rares. La plupart, cependant, étaient des débutants, avec peu de connaissances ou d'expérience des plantes, mais désireux d'apprendre et d'acheter à bon escient.

Dans l'ensemble, les questions étaient de deux types : celles des personnes qui avaient vu une plante leur plaisant et voulaient savoir si elle conviendrait à leur jardin ; celles de personnes n'ayant pas d'idée particulière, mais connaissant les conditions de culture qu'elles pouvaient offrir. Cette expérience m'a confirmé que la plupart des jardiniers demandant conseil veulent simplement savoir quelles plantes apprécient telle situation donnée, prenant en compte le sol, l'exposition, ou bien quelles espèces permettent d'obtenir un effet particulier recherché, tel que caractère saisonnier, parfum, teintes, port ou taille.

△ Le jardin de l'auteur *Mon propre jardin regorge de plantes de toutes sortes ayant un intérêt décoratif toute l'année. Les murs de la maison accueillent des tapisseries denses d'arbustes et de plantes grimpantes.*

◁ L'origine d'une plante particulière *Je suis particulièrement fier du millepertuis* Hypericum lancasteri, *qui fleurit en abondance en fin d'été, car il est issu d'une graine que j'ai rapportée des collines dominant Kunming, la Cité de l'éternel printemps, en Chine.*

RÉPONSES AUX JARDINIERS

Les années passées à visiter des jardins et à enquêter sur le jardinage m'ont convaincu que des conditions de culture difficiles peuvent bien souvent être améliorées. Si ce n'est pas possible, il existe cependant une certaine gamme de plantes capables de s'adapter à presque toutes les situations grâce à l'offre très variée des pépinières et jardineries.

Cet ouvrage vous servira de guide afin de choisir les meilleurs végétaux, en fonction des conditions de culture et de l'effet que vous recherchez. Il aidera notamment les débutants à trouver des espèces adaptées à leur jardin et pourra aussi, je l'espère, attirer l'attention de jardiniers plus aguerris sur des plantes dont ils auraient oublié les qualités. Les plantes présentées dans ce livre ont pour la plupart fait l'objet d'essais horticoles ou ont fait leurs preuves dans nos jardins depuis longtemps. Laissez-vous guider.

LIS SAUVAGES ET AU JARDIN △▷ *Je garde un souvenir ému de ma première rencontre avec un lis royal,* Lilium regale, *poussant à l'état sauvage sur un versant montagneux rocheux, très ensoleillé, en Chine. C'est l'un des lis les plus beaux et les plus faciles à cultiver au jardin.*

▽ L'IMPACT DES FEUILLAGES *Conifères, fougères, bergénias, iris et arbustes entourent ici une petite pièce d'eau. La diversité des feuillages crée une scène à la fois très décorative et reposante pour l'œil.*

Comment utiliser ce livre

LE BUT DE CET OUVRAGE est de vous aider à choisir les meilleures plantes pour une situation donnée, en prenant en compte les conditions de culture locales, les caractéristiques des plantes et tout effet ornemental particulier. Le livre est divisé en cinq grandes parties, selon le type de plante : Vivaces, Grimpantes, Arbustes, Conifères et Arbres.

Dans chaque partie est proposé un choix de plantes pour des situations et des effets divers. Sauf mention contraire, toutes les plantes ligneuses présentées, à l'exception des conifères, ont un feuillage caduc. De même les vivaces sont des plantes herbacées, sauf celles pour lesquelles il est fait mention de feuillage persistant.

Noms des plantes

Sont utilisés les noms botaniques couramment reconnus. Certains synonymes courants sont mentionnés dans l'index. Vous trouverez le nom vernaculaire courant, celui du genre s'il n'y en a pas de plus précis, ou la répétition du genre latin s'il n'existe pas de nom vernaculaire. Dans le cas de vastes groupes de plantes, comme les rosiers, la catégorie est précisée.

pH – Acidité du sol

La plupart des plantes acceptent tous les types de sols ou presque. Celles qui exigent un sol acide, dépourvu de calcaire, sont repérées par ce symbole (voir p. 12).

PH *Exige un sol non calcaire*

Rusticité

La rusticité signifie l'aptitude d'une plante à résister au froid de l'hiver. Elle varie, bien sûr, selon le climat local, les situations plus ou moins abritées et les variations dans l'aptitude naturelle de la plante à résister au froid. Les végétaux sont souvent beaucoup plus sensibles aux gelées printanières tardives, car à cette époque elles sont entrées en période de croissance. Les symboles renseignent sur la rusticité des plantes décrites.

❄❄❄	*Parfaitement rustique – peut passer l'hiver dehors, même en région froide.*
❄❄	*Semi-rustique – à cultiver sous climat doux, ou à protéger en hiver sous climat tempéré.*
❄	*Non rustique – peut demander une protection hivernale, même sous climat doux. Plante à cultiver de préférence sous serre.*

Noms botanique et vernaculaire
Sous le nom botanique de chaque plante se trouve son nom vernaculaire ou, s'il n'y en a pas, le nom du genre.

Symboles concernant luminosité, rusticité et acidité
Besoins en lumière et rusticité sont indiqués pour chaque plante. Le symbole pH n'apparaît que pour les plantes exigeant un sol non calcaire (voir encadré ci-contre).

ARBUSTES

Arbustes supportant l'ombre

VOUS SEREZ PEUT-ÊTRE SURPRIS du nombre d'arbustes se prêtant à un emplacement ombragé. Il s'agit souvent de plantes de sous-bois, préférant ne pas être exposées aux rayons directs du soleil, ce qui ne signifie pas qu'elles peuvent survivre sans lumière. Certaines, cependant, s'accommodent mieux que d'autres d'une faible intensité lumineuse, et ce sont donc celles qui donneront les meilleurs résultats si elles sont plantées à l'ombre d'arbres à feuilles caduques ou de constructions voisines.

Euonymus fortunei 'Sarcoxie'
FUSAIN
☀ ☀ ❄❄❄ ↕1,50 m ↔1,50 m
Cet arbuste vigoureux, dressé et buissonnant, a des feuilles persistantes coriaces, lustrées, vert foncé bordé de blanc. Capsules blanc crème à graines orange en automne.

Euonymus fortunei 'Vegetus'
FUSAIN
☀ ☀ ❄❄❄ ↕30 cm ↔2 m
Les tiges rampantes à dressées de cet arbuste buissonnant peuvent couvrir une grande surface. Feuillage persistant vert brillant et fruits en capsules rose orangé.

Crinodendron hookerianum
CRINODENDRON
☀ ☀ ❄❄ PH ↕3 m ↔2 m
De la fin du printemps jusqu'en début d'été, les branches de cet arbuste à feuillage persistant portent de belles fleurs rouges. Ne se plaît pas en sol sec.

AUTRES ARBUSTES À FEUILLAGE CADUC SUPPORTANT L'OMBRE
Cornus canadensis, voir p. 118
Euonymus wilsonii
Hydrangea macrophylla 'Générale Vicomtesse de Vibraye'
Hypericum androsaemum
Kerria japonica
Rhodotypos scandens, voir p. 135
Rubus odoratus
Rubus spectabilis
Symphoricarpos x *chenaultii* 'Hancock'

Daphne laureola var. *philippi*
LAURIER DES BOIS
☼ ☀ ☀ ❄❄❄ ↕30 cm ↔60 cm
C'est une variété naine d'un arbuste de sous-bois à feuillage persistant, qui s'accommode aussi du plein soleil. Bouquets de petites fleurs vert clair et parfumées en fin d'hiver.

Hydrangea macrophylla 'Veitchii'
HORTENSIA À TÊTES PLATES
☀ ☀ ❄❄ ↕1,50 m ↔2,50 m
Ce bel arbuste porte en été des inflorescences aplaties, dont les éléments centraux sont violacés et fertiles, tandis que les éléments externes sont blancs et stériles. Éviter les sols secs.

196

Besoins en lumière

Les exigences en matière d'exposition sont représentées par des symboles. La juxtaposition de plusieurs symboles indique la gamme possible pour une plante.

☼	*Plein soleil – préfère ou exige le plus possible de soleil.*
☀	*Mi-ombre – supporte (ou préfère, parfois) une ombre légère.*
☀	*Ombre – supporte une situation peu lumineuse, par exemple à l'ombre du feuillage d'un arbre.*

Description de la plante
Les principales caractéristiques, comme période de floraison, aspect du feuillage, exigences particulières, sont mentionnées. Une précision est apportée si le feuillage est persistant.

DIMENSIONS DES PLANTES

Ces dimensions varient selon les conditions de culture. Les tailles indiquées donnent un ordre de grandeur correspondant à la taille adulte dans des conditions « moyennes ». Pour les vivaces, la hauteur inclut les hampes florales.

↕	*Hauteur moyenne*
↔	*Envergure moyenne*
↕↔	*Hauteur et envergure moyennes*

ARBUSTES SUPPORTANT L'OMBRE

Hydrangea serrata 'Blue Bird'
HYDRANGÉA À TÊTES PLATES
↕1,20 m ↔1,50 m
Les feuilles pointues de cet arbuste dense, buissonnant, se colorent souvent en automne. Inflorescences plates, violacées en été, à fleurs externes plus pâles. Ne se plaît pas en sol sec.

Pachysandra terminalis
PACHYSANDRA
↕10 cm ↔20 cm
Ce sous-arbrisseau drageonnant à feuillage persistant vert foncé se plaît en sol humide et fait un superbe couvre-sol pour l'ombre. Petits épis de fleurs blanches au printemps.

Skimmia japonica 'Fructo-albo'
SKIMMIA
↕75 cm ↔75 cm
Si vous plantez un sujet mâle près d'un pied femelle, pour assurer la pollinisation, cette variété à floraison printanière donnera des baies blanches en abondance.

Lonicera pileata
CHÈVREFEUILLE À CUPULE
↕60 cm ↔2 m
Son port bas et étalé en fait un excellent couvre-sol à feuillage persistant. La floraison insignifiante, en fin de printemps, est suivie de baies violettes.

Prunus laurocerasus 'Otto Luyken'
LAURIER-CERISE
↕75 cm ↔1,20 m
Les tiges de cet arbuste bas sont couvertes de feuilles persistantes étroites, lustrées, coriaces. Épis dressés de fleurs blanches au printemps, suivies de fruits noirs.

AUTRES ARBUSTES À FEUILLAGE PERSISTANT SUPPORTANT L'OMBRE
Aucuba japonica 'Rozannie', voir p. 146
Buxus sempervirens 'Japonica Aurea'
Daphne pontica
× *Fatshedera lizei*, voir p. 144
Fatsia japonica, voir p. 111
Osmanthus heterophyllus
Rubus tricolor
Ruscus hypoglossum
Sarcococca confusa
Viburnum davidii, voir p. 119

Mahonia nervosa
MAHONIA
↕60 cm ↔1 m
Cet arbuste drageonnant à tiges courtes, dressées, porte de grandes feuilles persistantes qui se teintent de pourpre en hiver. Épis de fleurs jaunes en fin de printemps.

Vinca major 'Variegata'
GRANDE PERVENCHE PANACHÉE
↕30 cm ↔1,50 m
Les belles feuilles panachées sont bordées de blanc crème et forment un couvre-sol rampant. Floraison bleu violacé du printemps jusqu'en automne.

ARBUSTES

197

HAUTEUR ET ENVERGURE
Cette rubrique donne la taille moyenne de la plante parvenue à maturité.

ONGLETS EN COULEURS
Ils permettent de repérer les différentes parties du livre.

AUTRES PLANTES
Ici sont cités d'autres végétaux convenant à la même situation ou pour le même effet décoratif. Les indications de page concernent ceux qui sont illustrés ailleurs dans l'ouvrage.

CHAPITRE SUR LES ARBRES

Prunus serotina
CERISIER NOIR
Croissance modérée
↕15 m ↔13 m
Il présente une couronne ovale de branches retombantes ou arquées. Les feuilles luisantes, vert foncé, sont caduques et virent au jaune ou au rouge à l'automne. Des grappes pendantes de fleurs blanches apparaissent au printemps, suivies de fruits brillants rouges puis noirs.

ARBRES

279

PORT DE L'ARBRE
La silhouette de l'arbre adulte est illustrée ; des branches nues indiquent que le feuillage est caduc, les espèces persistantes étant entièrement couvertes de feuilles.

RYTHME DE CROISSANCE
On distingue croissance rapide, modérée ou lente.

QU'EST-CE QU'UNE VIVACE ?

Dans ce livre, je considère comme plantes vivaces les plantes non ligneuses qui vivent au moins trois ans. La plupart sont herbacées, leurs organes aériens séchant en hiver, mais certaines ont un feuillage persistant. Une minorité, par exemple les bambous, ont des tiges ligneuses et des feuilles persistantes.

QU'EST-CE QU'UNE GRIMPANTE ?

Les plantes incitées à « grimper » de différentes façons — sur des arbres, arbustes ou murs, palissées, etc. — sont ici traitées comme plantes grimpantes. Ce sont le plus souvent des vivaces à tiges ligneuses ou des arbustes palissés. Les plantes grimpantes peuvent être à feuillage persistant ou caduc, voire herbacées.

QU'EST-CE QU'UN ARBUSTE ?

Les arbustes sont des plantes ligneuses, généralement à port buissonnant, donnant plus d'une tige principale. Certains dépassent 3 m de hauteur et d'étalement, et ils sont, selon les espèces, caducs ou persistants. Les sous-arbrisseaux ont une souche ligneuse, mais la partie supérieure des tiges se dessèche souvent sous l'effet du gel en région froide.

QU'EST-CE QU'UN CONIFÈRE ?

Les conifères correspondent à un groupe botanique distinct de plantes ligneuses très anciennes. La plupart sont des arbres à tige unique dressée, mais il en existe de nombreuses formes plus petites, arbustives, en particulier des variétés naines ou à croissance très lente. Quelques-uns ont un feuillage caduc, ce qui est alors mentionné dans le texte. La majorité ont un feuillage persistant.

QU'EST-CE QU'UN ARBRE ?

Un arbre est une plante ligneuse, à feuillage caduc ou persistant, dont l'unique tige principale, le tronc, est coiffée d'une couronne de branches. La plupart ont naturellement cette silhouette, mais certains peuvent développer plusieurs tiges principales, et ont donc un port plus buissonnant. Une taille rigoureuse dès leur plus jeune âge permet de rectifier leur port.

Les types de sol

Ce sont la taille et la proportion des particules d'argile, sable et limon qui déterminent la nature physique et chimique du sol de votre jardin. Ces particules en font un sol lourd (humide et mal drainé) ou léger (sec et très drainant), ce qui détermine la gamme des plantes aptes à y prospérer. D'un point de vue chimique, le pH, mesure de l'acidité, suit une échelle de 1 à 14. La neutralité correspond à 7 ; un pH inférieur indique une acidité (absence de calcaire) ; un pH supérieur à 7 une alcalinité (sol calcaire). Dans un premier temps, vous pouvez vous faire une idée du type de sol de votre jardin en observant sa teinte, sa texture et les plantes qui y poussent spontanément. Une analyse du sol vous donnera cependant des résultats plus précis.

Sol ordinaire idéal pour *Forsythia*
Un tel sol est difficile à définir, étant donné les variations locales des conditions de culture. Il est généralement frais, mais bien drainé, avec une bonne teneur en matière organique, neutre ou bien de pH légèrement acide à légèrement alcalin ; c'est le sol qui peut accueillir la plus large gamme de végétaux.

Sol argileux lourd idéal pour *Berberis*
Les minuscules particules d'argile s'agglutinent, donnant une terre collante, avec un mauvais drainage après la pluie, et qui a au contraire tendance à sécher et se craqueler sous l'effet de la sécheresse. Souvent très fertile, le sol peut être amélioré par un système de drainage ou par l'apport de gravier ou de matière organique grossière.

Sol sableux idéal pour *Potentilla*
Les particules de sable sont nettement plus grosses que celles d'argile, aussi les sols sableux sont-ils légers, très drainants, se réchauffant rapidement au printemps. Certaines plantes cultivées sur sol sableux demandent de fréquents apports d'eau et d'engrais, qui sont rapidement entraînés en profondeur, mais la fertilité peut aussi être améliorée par des apports de matière organique.

Sol acide, non calcaire pour *Rhododendron*
Les sols acides ou tourbeux ont généralement une teinte sombre et sont riches en matière organique. Acides, retenant bien l'humidité, ils conviennent aux plantes ne supportant pas la présence de calcaire. On peut en améliorer le drainage par des apports de sable grossier non calcaire.

Sol calcaire ou alcalin idéal pour *Kolkwitzia*
Les sols calcaires ou alcalins sont généralement de teinte claire, caillouteux et peu profonds. Très drainants également, ils se réchauffent rapidement au printemps, mais sont relativement pauvres en éléments nutritifs. Comme les sols sableux, ils gagnent à être enrichis par des apports réguliers de matière organique.

L'exposition

LES PLANTES ONT BESOIN DE SOLEIL, que ce soit directement ou indirectement, afin d'accomplir la photosynthèse indispensable à leur croissance. Le choix de l'exposition est donc déterminant. De nombreuses espèces sont peu exigeantes, préférant une certaine exposition mais pouvant s'adapter à une situation plus ou moins lumineuse. La plupart ne demandent qu'une situation dégagée.

• POSITION DU SOLEIL *La position du soleil dans le ciel varie dans l'année. Il est plus bas en hiver, avec des ombres beaucoup plus allongées. En plein été, il est haut, et les ombres projetées sont bien moindres.*

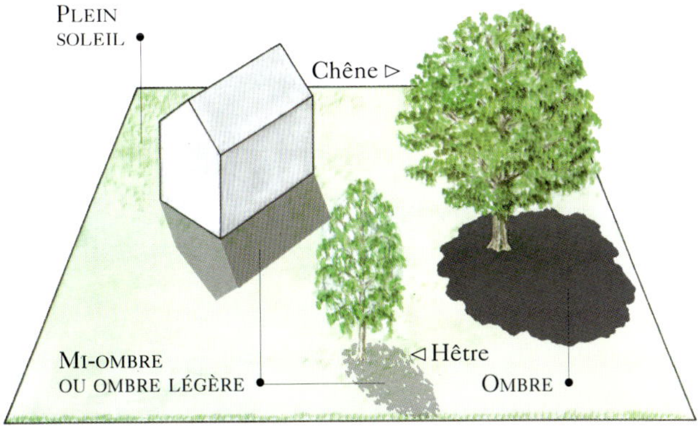

☼ PLEIN SOLEIL
Les emplacements exposés au soleil la plus grande partie de la journée ne reçoivent pas l'ombre projetée des arbres ou des constructions. De nombreux végétaux d'ornement à floraison décorative — en particulier parmi les vivaces, annuelles et arbustes (*voir ci-dessus*) — préfèrent une exposition ensoleillée — soleil et chaleur favorisent la maturation des tissus ligneux, et donc la formation des fleurs et des fruits. Bon nombre de ces plantes peuvent aussi s'accommoder d'un peu d'ombre, par exemple à proximité de constructions (à certaines heures de la journée) ou en bordure de plantations d'arbres ou d'arbustes, mais leur croissance y sera un peu moins luxuriante.

☀ MI-OMBRE
Les emplacements légèrement ombragés reçoivent un ensoleillement réduit ou tamisé. C'est par exemple le cas à proximité d'un bâtiment masquant une bonne partie de l'ensoleillement mais où le ciel est dégagé, ou encore près d'un arbre au feuillage léger comme un hêtre, mais pas juste en dessous.
Si le sol est assez humide, ces conditions conviennent parfaitement à de nombreuses plantes, certaines supportant aussi le plein soleil ou une ombre un peu plus dense. C'est le cas de la plupart des vivaces à feuillage décoratif et, bien sûr, des espèces de sous-bois (*voir ci-dessus*).

☀ OMBRE
Il s'agit de situations ombragées en permanence ou durant l'essentiel de la saison de végétation (l'été). Il peut s'agir d'emplacements à proximité d'immeubles, mais plus souvent à l'ombre d'arbres à feuillage assez dense. Même là, l'ombre varie de façon notable en intensité.
Si cette ombre est associée à un sol sec ou compacté, ce qui est souvent le cas sous les grands conifères ou autres arbres à feuillage persistant, la palette des plantes capables de survivre dans un tel environnement est limitée à quelques espèces poussant dans la nature dans des conditions similaires.

PLANTES VIVACES

SI ARBRES ET ARBUSTES dessinent la trame du jardin, les vivaces lui donnent sa substance, créant les volumes des massifs et couvrant le sol. Aucun autre groupe de plantes n'offre une telle diversité de formes, de fleurs et de feuillages, des minuscules plantes alpines aux plus grands bambous. Vous trouverez également dans cette partie du livre des plantes bulbeuses (y compris cormus et tubercules), ainsi que des annuelles et des bisannuelles.

△ Oenothera speciosa *'Rosea'*

△ AVIDE DE SOLEIL *Cette superbe euphorbe,* Euphorbia characias *ssp.* wulfenii, *apprécie le plein soleil.*

ATOUTS DES VIVACES

- Créent des effets de masse dans les plantations.
- Spécimens ou petits groupes isolés peuvent être mis en valeur sur une pelouse.
- Parfaites pour habiller jardins de rocaille ou d'éboulis, murets.
- Fort impact visuel au printemps pour les plantes bulbeuses.
- Idéales comme couvre-sol sous les arbres ou les arbustes.
- A utiliser également dans les plantations en bac pour la terrasse ou la cour.
- Effet décoratif à court terme des annuelles et bisannuelles.
- Offrent de très belles espèces de bord des eaux ou de sol humide.

Certaines espèces vivaces ont un feuillage persistant, décoratif toute l'année, mais la plupart sont herbacées, leurs parties aériennes disparaissant en hiver pour se développer à nouveau la saison suivante. Sauf mention contraire, toutes les plantes citées dans cette partie sont herbacées. Cette reprise annuelle de la végétation, source de plaisir, est un caractère dont on ne se lasse jamais, ce qui en fait des plantes d'autant plus précieuses au jardin.

DES PLANTES POUR LE DÉCOR

Pour certains jardiniers chevronnés, rien n'est plus beau qu'un massif de vivaces à son apogée en été. Que vous vous inspiriez des associations de plantes créées par des professionnels ou que vous préfériez un mélange de teintes plus libre, vous trouverez toujours des plantes vivaces pour vos projets. Ne perdez pas de vue que, dans les massifs, l'effet des feuillages est tout aussi important que celui des fleurs et que certaines tiges et inflorescences séchées peuvent prendre une valeur décorative certaine en hiver.

DES PLANTES POUR TOUTES LES SITUATIONS

Un emplacement chaud et ensoleillé au jardin convient à merveille aux espèces vivaces qui, dans la nature, se plaisent en situation chaude et sèche. En région froide, mieux vaut les planter en massif surélevé ou adossées à un mur ensoleillé. Pensez aux espèces de sous-bois pour habiller les coins ombragés du jardin : fougères, vivaces à floraison printanière et bulbeuses, comme trilles et cyclamens, supportent l'ombre tout en offrant une bonne couverture du sol.

△ TAPIS À L'OMBRE *Ces petits cyclamens* (Cyclamen repandum) *forment un ravissant tapis printanier à l'ombre d'un hêtre.*

◁ SILHOUETTES HIVERNALES *L'élégance des feuillages et des inflorescences séchés est particulièrement mise en valeur par le givre.*

▷ APOGÉE EN DÉBUT D'ÉTÉ *Cette bordure dans le style des jardins anglais associe des vivaces, annuelles et bisannuelles.*

Au jardin

TEINTES, FORMES ET TEXTURES jouent leur rôle dans la conception du jardin, et les vivaces offrent le plus de possibilités dans ce domaine. Un jardin au tracé soigné peut comprendre des éléments tels que bassin, dallage, ou opter pour un thème dominant, qu'il s'agisse de couleurs ou de plantes attirant les papillons. Vous pourrez utiliser librement les vivaces appropriées pour la réalisation de vos massifs.

△ PLANTES EN BACS *Grands pots et bacs sont une solution idéale pour les terrasses et petits jardins, où la place est comptée. Les vivaces à feuillage décoratif, comme* Houttuynia, Heuchera *et* Tolmiea, *offrent un décor durable.*

▷ GRANDES COMPOSITIONS *Les grands massifs spectaculaires des jardins paysagers sont autant de sources d'inspiration. Contrastes de hauteurs, de teintes ou de textures sont faciles à reproduire à plus petite échelle.*

▽ TEXTURES ET TEINTES *Les ports, feuillages et floraisons variés de* Melissa, Linaria *et* Geranium *'Johnson's Blue' créent un décor réussi et naturel.*

Climat, sol, exposition et espace disponible sont des facteurs à prendre en compte pour la composition de vos plantations et le choix des espèces les mieux adaptées. Dans la plupart des situations, les plantes vivaces pouvant convenir sont nombreuses, mais il existe aussi des conditions plus difficiles, comme un sol marécageux ou un jardin côtier, qui limitent le choix. Ne perdez pas de vue que les silhouettes et feuillages des plantes sont aussi importants que les fleurs, sinon plus. Ils représentent la structure même du jardin, la toile sur laquelle se succèdent les floraisons, plus éphémères. Si le feuillage de certaines vivaces se colore vivement en automne, d'autres restent toute la saison panachés, colorés, ou sont parfois persistants.

PLANTATION

Il est indispensable de respecter, dans les massifs, un espacement suffisant entre les plantes vivaces, à l'exception des plantations couvre-sol ou de certaines compositions géométriques particulières. C'est la condition nécessaire à leur croissance, à leur développement, et cet espace leur permet souvent aussi de se ressemer. Groupez des espèces qui apprécient des conditions de

△ CAMAÏEU *Il est possible d'obtenir des effets colorés spectaculaires sans pour autant utiliser un grand nombre d'espèces. Différentes variétés ou espèces proches, comme ici un espace consacré aux* Sedum, *composent une gradation superbe.*

△ STYLE NATUREL *De très larges touffes de graminées et d'autres vivaces donnent dans ce massif une impression de nature. Ce style de jardin, de plus en plus populaire, fait appel à des plantes adaptées au site afin de limiter l'entretien.*

culture similaires. Pour être assuré d'une croissance rapide et vigoureuse et de soins minimes, choisissez toujours des espèces qui soient parfaitement adaptées au type de sol et à l'exposition de votre jardin.

STYLES DE JARDIN

Les grands jardins soigneusement aménagés illustrent bien les possibilités de plantations spectaculaires, l'opulence de massifs généreux, où l'espace n'est pas un problème. Si l'on étudie bien échelle et contrastes créés dans ces larges plates-bandes de plantes vivaces, on peut s'en inspirer, même pour une minuscule cour. De petits groupes en plantation dense permettent de reproduire des effets de feuillages et de floraisons admirés à plus grande échelle. Vous pouvez aussi planter un grand sujet isolé pour attirer le regard. Pots et bacs sont précieux pour animer petits jardins, cours et terrasses. Bambous, fougères et bien d'autres vivaces se prêtent à merveille à la culture en pot, et une large palette de vivaces se plairont dans les coins sans soleil.

Le jardin du « collectionneur », où les plantes isolées ont la priorité sur le dessin d'ensemble, plaira aux jardiniers qui se passionnent pour un genre de vivaces. Si la diversité des plantes est alors essentielle, n'en négligez pas pour autant le tracé des allées et massifs, de manière à faciliter l'entretien du jardin.

EFFETS NATURELS

Les plantations « sauvages » trouvent, bien sûr, leur inspiration dans les habitats naturels des plantes. Lorsque l'espace le permet, il est toujours possible de recréer un sous-bois, une mare ou une prairie fleurie. La diversité des plantes n'est pas un élément important pour le jardin sauvage, où il vaut mieux un petit nombre de vivaces soigneusement choisies, plantées en larges taches pour dessiner des ondulations de feuillage ou tapisser le pied des arbres et arbustes. Les plantes doivent y supporter la compétition, surtout lorsqu'elles sont plantées dans l'herbe ou à l'ombre des arbres. De ce fait, de nombreuses plantes bulbeuses formant de grandes touffes et les vivaces à port rampant sont tout indiquées pour ce type de plantation. Une variante du jardin sauvage tend à recréer une ambiance naturelle et consiste à planter de grandes touffes lâches de vivaces, notamment de nombreuses graminées, dans les massifs. Il ne s'agit plus ici des petits groupes denses de conception plus formelle, mais d'une végétation rappelant une prairie ondoyante. Selon vos goûts et la taille de votre jardin, vous pourrez incorporer quelques graminées dans un massif de vivaces classique, ou créer sur un plus grand espace des ondulations de feuillages souples. La réussite de ce type de plantation tient pour une grande part au choix d'espèces adaptées au site. Le résultat est un jardin demandant peu d'entretien, où les plantes paraissent pousser spontanément et ont alors moins besoin de tuteurage, d'arrosage ou d'aide pour lutter contre les parasites.

ÉLÉMENTS À PRENDRE EN COMPTE DANS LE CHOIX DES VIVACES

Lumière Il faut connaître les coins d'ombre et de soleil du jardin, et la durée d'ensoleillement quotidien, car cet aspect est déterminant dans le choix des vivaces. Si nombre d'entre elles supportent l'ombre, les autres ont besoin du maximum de soleil.
Rusticité Donnez la priorité aux vivaces les mieux adaptées au climat local. En région froide, les espèces peu ou non rustiques peuvent parfois s'accommoder de situations chaudes et abritées ou, mieux, d'une culture en pot.
Teintes et textures Les fleurs sont, bien sûr, les notes colorées les plus évidentes au jardin, mais souvent éphémères. Les vivaces apportent presque toute l'année l'intérêt de leur feuillage décoratif.
Structure La diversité des ports et des tailles permet de structurer les plantations, par exemple les bordures herbacées, ou bien les rend utiles pour des fonctions comme celles de couvre-sol ou d'écran.
Naturel De nombreuses vivaces (les plantes à bulbe, en particulier) sont spectaculaires plantées en grands groupes dans les zones les plus sauvages du jardin, ainsi qu'au pied des rosiers ou des arbustes à feuilles caduques.
Autres utilisations De nombreuses vivaces au feuillage ou aux inflorescences intéressants (à utiliser en bouquets) se prêtent à la plantation en sujet isolé. Elles peuvent aussi mettre en valeur un mur ou une allée.

Intérêt renouvelé au fil des saisons

Au jardin, chaque mois apporte sa note particulière. Les vivaces reflètent ce déroulement des saisons, en changeant de livrée selon le rythme immuable de leur cycle végétatif. Si le printemps et l'été sont souvent considérés comme l'apogée sur le calendrier du jardinier, un choix habile de vivaces vous permettra, même sous les climats les plus froids, d'apporter en toute saison des touches colorées ou remarquables, les plantes ne tardant pas à se relayer.

Vivaces décoratives pendant deux saisons et plus

Festuca glauca
Geranium sp. et cv.
Helleborus × *hybridus*
Heuchera sp. et cv.
Lamium galeobdolon 'Hermann's Pride'
Lavandula angustifolia
Miscanthus sinensis
Polystichum sp. et cv.
Pulmonaria sp. et cv.
Sasa veitchii
Sedum 'Herbstfreude'
Vinca minor

Les feuillages et floraisons du jardin soulignent les changements de saison. Si la floraison de certaines vivaces est éphémère, il est certain que l'on attend chaque année avec impatience leur prestation renouvelée. Les espèces à longue saison de floraison (souvent plusieurs mois) permettent de créer des liens d'une saison à une autre, devenant année après année des valeurs sûres. Cet aspect est particulièrement important dans un petit jardin, où chaque plante doit contribuer le plus possible à un spectacle durable. Les vivaces à feuillage décoratif par leurs couleurs et/ou leur texture offrent un intérêt plus prolongé encore et sont, bien sûr, indispensables dans un petit jardin.

Si les plantes herbacées se parent souvent en automne de couleurs vives, les vivaces à feuillage persistant ou semi-persistant méritent également une place dans les massifs, de même que celles à feuillage panaché ou coloré.

Printemps

La réapparition des plantes vivaces herbacées, au printemps, est pour bien des jardiniers l'un des moments privilégiés de l'année. Les rhizomes enfouis tout l'hiver déploient leurs pousses vigoureuses, souvent colorées. Comme arbres et arbustes n'entrent souvent en croissance que vers la fin du printemps, les vivaces tiennent la vedette en début de saison. Les bulbes, en particulier, apportent leur floraison précoce et se prêtent aussi bien à la plantation en groupes naturels qu'au pied des arbres. Tulipes, narcisses et bien d'autres nous

△ Potée printanière *Les bulbes, comme ces narcisses, se prêtent aussi bien à un décor naturel qu'à la plantation en pot. Ils apportent des touches de couleur précieuses au sortir de l'hiver, et toute une gamme de fleurs printanières.*

▷ Massif estival *Durant les mois d'été, les vivaces offrent un véritable flamboiement au jardin. Dans ce massif, les floraisons colorées des delphiniums, lupins, anthémis, onagres et* Geranium psilostemon *rivalisent d'éclat.*

△ DÉBUT D'HIVER *Nombre de vivaces gardent longtemps après la floraison leurs fructifications décoratives. Elles deviennent très spectaculaires au premier givre ou à la première neige, aussi ne vous pressez pas de les supprimer.*

◁ COULEURS D'AUTOMNE *Les teintes chaudes du feuillage de* Geranium macrorrhizum *composent une très belle toile de fond pour la floraison des colchiques en automne. Le feuillage continue à se colorer quand les fleurs sont fanées.*

donnent également les premières fleurs pour les bouquets et égaient les potées de la cour ou de la terrasse.

ÉTÉ

Après la bousculade des floraisons printanières, le jardin prend un rythme plus mesuré. Alors entrent en scène des vivaces très populaires comme les achillées, les grandes marguerites et les autres membres de la grande famille des Composées. Les espèces à longue floraison, comme les onagres (*Oenothera*), fleurissent jusqu'en automne. C'est aussi l'été que les vivaces à port majestueux ou à feuillage remarquable atteignent leur apogée et occupent le devant de la scène. Dans les régions à étés secs, adoptez des vivaces comme le panicaut (*Eryngium*) et les yuccas, qui s'accommodent de la chaleur et de la sécheresse.

AUTOMNE

Les vivaces à floraison tardive, à fruits ou feuillages colorés, font de l'automne une véritable fête, bien que ce dernier marque la fin de la saison de végétation. Les bulbes d'automne, comme les colchiques et les petits cyclamens, fleurissent à côté des verges d'or (*Solidago)* et des asters. Les feuillages apportent aussi leur contribution, les feuilles caduques de nombreuses vivaces herbacées comme les géraniums prenant des tons pourpres, jaunes ou rouges. Les inflorescences séchées, précieuses pour les bouquets secs, gardent souvent belle allure également. Les jardiniers avisés connaissent aussi les qualités des graminées d'ornement, telles que *Pennisetum alopecuroides*, très élégantes en fin de saison dans les massifs comme en bac. Leurs inflorescences sèches demeurent souvent décoratives jusqu'en hiver.

HIVER

Si les jardiniers n'aiment guère les mois d'hiver, cela ne signifie pas pour autant que le jardin est alors devenu un désert et que la grisaille doit régner sans partage. Sous climat doux, ils peuvent choisir dans la palette des espèces à feuillage persistant ou semi-persistant, particulièrement précieuses et qui mettront bien en valeur la floraison des hellébores variées, des perce-neige et des premiers bulbes annonçant la fin de l'hiver.

Pensez aussi à préserver les grandes plantes vivaces, dont les hautes tiges ou les inflorescences séchées attirent encore l'œil jusqu'au plein cœur de l'hiver.

▷ FIN D'HIVER *Utilisez également les vivaces pour habiller le jardin en fin d'hiver et en début de printemps. Ici, les perce-neige émergent au travers du feuillage pourpre du* Bergenia *'Bressingham Ruby'.*

SOL ET EXPOSITION

LORSQUE VOUS CHOISISSEZ des plantes pour votre jardin, les deux facteurs les plus importants à prendre en compte sont le type de sol et l'exposition. Si les plantes vivaces sont souvent très adaptables, s'accommodant de situations variées, vous obtiendrez de meilleurs résultats, des plantes plus saines et plus vigoureuses, si vous connaissez leurs préférences.

Anemonopsis macrophylla
pour sol humide, à l'ombre

La composition physico-chimique des sols est extrêment variée. La plupart des vivaces réussissent très bien sur un sol ordinaire, c'est-à-dire frais mais bien drainé, retenant suffisamment l'humidité pour satisfaire les besoins de la plante, sans que la terre soit détrempée ; cependant, d'autres espèces ont des exigences plus spécifiques. Examinez la couleur et la texture du sol de votre jardin, et aidez-vous de l'encadré ci-contre pour en déterminer la nature.

Toutes les plantes ont besoin d'un minimum de lumière pour survivre, mais certaines nécessitent une exposition très ensoleillée pour se développer au mieux, tandis que d'autres tolèrent très bien, voire apprécient un emplacement plus ou moins ombragé.

Dans cette partie, les plantes ont été regroupées en fonction de leurs exigences en sol et en lumière. Ce classement devrait vous permettre de trouver une solution satisfaisante pour les différents emplacements de votre jardin.

△ EN QUÊTE DE SOLEIL. Verbascum bombyciferum *est une bisannuelle avec une jolie rosette de feuilles persistantes et de longs épis, d'un blanc laineux, éblouissants en été.*

△ MASSIF OMBRAGÉ *De nombreuses vivaces, comme ces hostas et ces iris, apprécient une ombre légère, surtout si le sol est légèrement humide.*

◁ PLATE-BANDE ENSOLEILLÉE *Tirez parti des situations chaudes et abritées ; plantez-y les vivaces héliophiles et les plantes moins rustiques.*

▷ JARDIN SEC *Ces étonnants orpins, ces beaux panicauts et ces graminées d'ornement se plaisent en plein soleil, sur sol bien drainé, même sec.*

Vivaces petites à moyennes pour sol très argileux

LES SOLS très argileux sont souvent humides et collants en hiver, durs et compacts durant les étés secs. Ils sont cependant fertiles et, bien travaillés, peuvent accueillir de nombreuses plantes vivaces. Aucune des plantes suivantes ne dépassant 90 cm de hauteur, elles conviennent aux petits jardins ou en bordure de plates-bandes plus vastes.

AUTRES VIVACES PETITES À MOYENNES POUR SOL TRÈS ARGILEUX

Anemone x *hybrida* et cv.
Aster novi-belgii et cv.
Astilbe sp. et cv.
Astrantia major
Brunnera macrophylla
Polemonium caeruleum
Primula denticulata
Prunella grandiflora
Stachys macrantha
Veronica gentianoides

Ajuga reptans 'Multicolor'
BUGLE RAMPANTE
◐ ❄❄❄ ↕ 15 cm ↔ 90 cm

Cette bugle forme un tapis dense de tiges rampantes et de feuilles persistantes vert bronze marqué de rose et de crème. Courts épis de fleurs bleu vif en début d'été.

Aster x *frikartii* 'Mönch'
ASTER
☼ ❄❄❄ ↕ 80 cm ↔ 45 cm

Cet aster assure une longue floraison de grandes fleurs bleu lavande en forme de marguerite, à l'extrémité de tiges vigoureuses. Peut nécessiter un tuteurage.

Campanula takesimana
CAMPANULE
☼ ◐ ❄❄❄ ↕ 50 cm ↔ 1 m

De culture facile, cette plante traçante possède des tiges dressées et des feuilles cordiformes. En été, fleurs en clochettes, blanc rosé, tachetées à l'intérieur.

Aquilegia vulgaris 'Nora Barlow'
ANCOLIE
☼ ◐ ❄❄❄ ↕ 80 cm ↔ 45 cm

Au printemps et au début de l'été, de longues tiges portent des fleurs doubles en pompon, rouges à extrémité vert pâle, au-dessus du fin feuillage gris-vert.

Bergenia crassifolia
BERGÉNIA
☼ ◐ ❄❄❄ ↕ 40 cm ↔ 45 cm

Cette vivace vigoureuse a de grandes feuilles coriaces, persistantes. Des tiges rougeâtres aux fleurs rose foncé émergent du feuillage en fin d'hiver et début de printemps.

Hemerocallis 'Stella de Oro'
HÉMÉROCALLE
☼ ❄❄❄ ↕ 30 cm ↔ 45 cm

Au début de l'été se succèdent des bouquets de fleurs jaune vif au-dessus de touffes basses et denses de feuilles rubanées semi-persistantes. Très facile.

Hosta x *tardiana* 'June'
HOSTA
☼◐ ❄❄❄ ↕40 cm ↔70 cm

Dérivée de *Hosta* 'Halcyon', cette belle plante au feuillage décoratif possède des feuilles charnues, effilées, marquées de jaune. Elle porte en été des fleurs bleu lavande.

Lamium orvala
LAMIER
☼◐ ❄❄❄ ↕↔50 cm

Cette espèce présente de larges touffes de feuilles dentelées, légèrement velues. Des verticilles de fleurs bilabiées, pourpre rosâtre, apparaissent de la fin du printemps à l'été.

Prunella grandiflora 'Loveliness'
BRUNELLE
☼ ❄❄❄ ↕20 cm ↔30 cm

C'est une vivace tapissante, à feuillage semi-persistant, dont les tiges dressées portent en été des verticilles de fleurs bilabiées rose lilas. Excellente plante couvre-sol.

Paeonia 'Laura Dessert'
PIVOINE
☼ ❄❄❄ ↕90 cm ↔80 cm

A la fin du printemps, de grandes fleurs doubles, parfumées, à pétales externes blanc rosé et à centre jaune crème, émergent de touffes de feuilles profondément divisées.

Ranunculus aconitifolius 'Flore Pleno'
BOUTON D'ARGENT
☼◐ ❄❄❄ ↕70 cm ↔50 cm

Cette vivace en touffe produit de belles feuilles profondément lobées et des fleurs doubles, blanches, sur des tiges ramifiées, au printemps et en début d'été.

Rudbeckia fulgida var. *sullivantii* 'Goldsturm'
☼◐ ❄❄❄ ↕70 cm ↔45 cm

Cette vivace colorée produit des capitules jaune d'or à cœur noir, de la fin de l'été à l'automne. Préfère les sols humides, mais bien drainés.

Vivaces moyennes à grandes pour sol très argileux

LA PLUPART des grandes vivaces supportent les sols lourds. Grâce à un système racinaire dense et fibreux ou à des racines profondes, elles résistent tant que la terre n'est pas détrempée. Les plantes suivantes, de 1 à 2 m de hauteur, réussiront encore mieux si vous améliorez le drainage par un apport de matière organique.

Aconitum x *cammarum* 'Bicolor'
ACONIT
☼ ◐ ❄❄❄ ↕ 1,20 m ↔ 50 cm

Cette vivace a des feuilles très divisées, vert foncé. Des inflorescences ramifiées de fleurs bleu-violet et blanc s'épanouissent durant l'été. Plante toxique.

Centaurea macrocephala
CENTAURÉE
☼ ❄❄❄ ↕ 1,20 m ↔ 90 cm

Cette vivace en fortes touffes produit tout l'été de grandes inflorescences volumineuses à fleurs jaune vif et bractées brunes sur des tiges dressées.

Delphinium 'Emily Hawkins'
DELPHINIUM, PIED-D'ALOUETTE
☼ ❄❄❄ ↕ 1,70 m ↔ 60 cm

Le pied-d'alouette est une plante tout indiquée pour les massifs en sol argileux. Celui-ci produit en été des épis de fleurs semi-doubles, mauve pâle à œil fauve.

Aruncus dioicus
SPIRÉE BARBE-DE-BOUC
◐ ● ❄❄❄ ↕ 2 m ↔ 1,20 m

Cette vivace impressionnante forme une grande touffe de feuilles très découpées, d'où émergent en été des épis plumeux de minuscules fleurs blanc crème.

Cimicifuga simplex 'Scimitar'
CIERGE D'ARGENT
☼ ◐ ❄❄❄ ↕ 2 m ↔ 60 cm

Cette vivace élégante a de grands épis ramifiés de minuscules fleurs blanches qui émergent durant l'automne de grosses touffes de feuilles très découpées.

Eupatorium purpureum 'Atropurpureum'
EUPATOIRE
☼ ❄❄❄ ↕ 2,20 m ↔ 1,20 m

Les grandes tiges feuillées, pourprées, portent en été et en automne des inflorescences arrondies de fleurs pourpre rosé, appréciées des abeilles et des papillons.

Helianthus 'Capenoch Star'
SOLEIL VIVACE
☼ ◐ ❄❄❄ ↕1,50 m ↔90 cm

Les larges touffes de feuilles finement dentelées donnent en été et en automne des inflorescences ramifiées de grandes fleurs jaune citron à centre plus foncé.

Heliopsis helianthoides ssp. *scabra* 'Light of Loddon'
☼ ◐ ❄❄❄ ↕1,20 m ↔90 cm

Les tiges vigoureuses et dressées offrent durant tout l'été et l'automne une production régulière de fleurs jaune vif, semi-doubles, au centre arrondi en dôme.

AUTRES VIVACES MOYENNES À GRANDES POUR SOL ARGILEUX

Anemone × hybrida
Aster novae-angliae
Campanula lactiflora 'Loddon Anna'
Helenium automnale
Helianthus salicifolius
Macleaya microcarpa
Rheum palmatum
Sanguisorba canadensis
Solidago sp. et cv.

Polygonum amplexicaulis 'Firetail'
RENOUÉE
☼ ◐ ❄❄❄ ↕1,10 m ↔90 cm

Cette vivace remarquable produit des touffes denses de tiges feuillées portant de longs épis effilés de fleurs rouge vif de l'été à l'automne.

Rodgersia aesculifolia
RODGERSIA
☼ ◐ ❄❄❄ ↕1 m ↔90 cm

Cette belle vivace forme une touffe de feuilles à long pétiole, dentelées, de teinte cuivrée, surmontées durant l'été de plumets de fleurs blanc crème.

Silphium perfoliatum
SILPHE
☼ ◐ ❄❄❄ ↕1,80 m ↔1 m

Des inflorescences ramifiées de capitules jaunes ornent cette plante sculpturale de l'été à l'automne. Les grandes feuilles sont rugueuses et dentelées.

Vivaces petites à moyennes pour sol sableux, drainant

DE NOMBREUSES VIVACES de moins de 1 m conviennent parfaitement aux sols drainants, particulièrement en situation ensoleillée. Vous pourrez utiliser ces plantes aux multiples usages pour garnir une bordure de plate-bande, un massif surélevé ou le haut d'un muret et, pour certaines, les cultiver en bacs sur une terrasse ou dans une cour.

Diascia 'Joyce's Choice'
DIASCIA
☼ ❄❄ ↕ 25 cm ↔ 50 cm

Cette vivace à floraison abondante forme un tapis de tiges rampantes aux petites feuilles couronnées en été et en automne de grappes légères de fleurs abricot.

Acanthus hirsutus
ACANTHE
☼ ◐ ❄❄❄ ↕↔ 30 cm

Cette plante basse, traçante, forme une touffe de feuilles piquantes très découpées. En été, des épis dressés de fleurs blanc verdâtre émergent de bractées épineuses.

Artemisia 'Powis Castle'
ARMOISE
☼ ❄❄ ↕ 70 cm ↔ 90 cm

La plante à feuillage aromatique, gris argenté, finement découpé, formant un monticule bas et bien compact, est à remplacer quand elle devient ligneuse et désordonnée.

Eriophyllum lanatum
ERIOPHYLLUM
☼ ❄❄❄ ↕↔ 50 cm

Cette vivace forme une touffe vigoureuse de feuilles laineuses gris argenté. Les fleurs en capitules jaune vif s'épanouissent de la fin du printemps à l'été.

Agapanthus 'Midnight Blue'
AGAPANTHE
☼ ❄❄❄ ↕ 45 cm ↔ 30 cm

En été, des tiges charnues portent des ombelles de fleurs en forme de trompette, bleu vif, au-dessus des feuilles rubanées, vert foncé. A cultiver en pot en région froide.

Borago pygmaea
BOURRACHE
☼ ❄❄❄ ↕↔ 60 cm

Émergeant de rosettes de feuilles, des tiges ramifiées portent des fleurs inclinées, en clochettes bleu clair, de la fin du printemps à l'automne. Plante à vie courte.

Eryngium bourgatii
CHARDON BLEU DES PYRÉNÉES
☼ ❄❄❄ ↕ 50 cm ↔ 30 cm

Des petites fleurs bleues à bractées épineuses s'épanouissent en été sur des tiges ramifiées. Rosettes de feuilles piquantes, très divisées, veinées de gris.

Gypsophila 'Rosenschleier'
GYPSOPHILE
☼ ❄❄❄ ↕ 30 cm ↔ 1 m

L'épais coussin de feuilles vert bleuté se couvre en été de minuscules fleurs doubles, blanches, puis rose pâle. Également connu sous le nom de *G.* 'Rosy Veil'.

Limonium latifolium 'Violetta'
STATICE VIVACE
☼ ❄❄❄ ↕ 60 cm ↔ 45 cm

Les grandes feuilles vert foncé forment une rosette. Les inflorescences ramifiées de minuscules fleurs bleu-violet, en fin d'été, sont intéressantes en bouquets secs.

Linum narbonense
LIN
☼ ❄❄❄ ↕ 50 cm ↔ 40 cm

En été, les touffes de tiges grêles, garnies de feuilles étroites, vert bleuté, se couvrent d'une multitude de petites fleurs éphémères, bleu vif, à centre blanc.

Oenothera speciosa 'Rosea'
ONAGRE
☼ ❄❄❄ ↕↔ 30 cm

La masse de feuilles étroites s'orne de fleurs en forme de coupe, rose pâle à centre blanc et jaune, de l'été à l'automne. Très florifère, mais envahissant.

AUTRES VIVACES PETITES À MOYENNES POUR SOL SABLEUX, DRAINANT

Acanthus dioscoridis
Achillea tomentosa
Anagallis monellii
Calamintha nepeta
Centranthus ruber
Dianthus deltoides
Dictamnus albus
Euphorbia nicaeensis
Gaillardia × *grandiflora*
Geranium malviflorum
Hordeum jubatum
Iris innominata
Lavandula angustifolia
Lychnis coronaria
Opuntia humifusa
Pulsatilla vulgaris
Sedum sp. et cv.
Silene schafta

Origanum laevigatum 'Herrenhausen'
MARJOLAINE
☼ ❄❄❄ ↕ 40 cm ↔ 45 cm

Prisée des abeilles et papillons, cette plante au feuillage aromatique possède des tiges dressées couronnées, en été et en automne, de nombreuses fleurs rose vif.

Vivaces moyennes à grandes pour sol sableux, drainant

SI VOUS AVEZ pu admirer les épis bleu lavande d'un *Perovskia* ou la floraison spectaculaire d'un *Crambe cordifolia*, vous savez déjà combien ces deux plantes prospèrent dans un sol drainant, surtout en plein soleil. Appréciant aussi de telles conditions, les autres espèces suivantes, mesurant entre 1 et 2 m pour la plupart, sauront donner du relief à vos massifs.

VIVACES À FEUILLAGE PERSISTANT, MOYENNES À GRANDES, POUR SOL SABLEUX

- *Acanthus mollis* Groupe Latifolius
- *Cordateria selloana* 'Sunningdale Silver'
- *Dierama pulcherrimum* 'Blackbird'
- *Eryngium yuccifolium*
- *Euphorbia characias* ssp. *wulfenii*
- *Lavatera* 'Barnsley'
- *Phormium tenax*
- *Salvia interrupta*
- *Yucca whipplei*

Asphodeline lutea
BÂTON DE JACOB
☼ ❄❄❄ ↕ 1,20 m ↔ 60 cm

De la fin du printemps au début de l'été apparaissent de longs et fins épis de fleurs étoilées jaune vif, au-dessus de touffes de feuilles étroites, gris bleuté.

Crambe cordifolia
CRAMBE
☼ ◐ ❄❄❄ ↕ 2,50 m ↔ 1,50 m

Les énormes inflorescences ramifiées de minuscules fleurs blanches apparaissent en début d'été au-dessus des grandes feuilles dentées. Plante très imposante.

Echinops bannaticus 'Taplow Blue'
BOULE BLEUE
☼ ◐ ❄❄❄ ↕ 1,20 m ↔ 60 cm

Du milieu à la fin de l'été, les capitules globuleux et hérissés, composés de fleurs bleu vif, attirent les papillons. Jolies feuilles épineuses, très découpées.

Cortaderia selloana 'Rendatleri'
HERBE DES PAMPAS
☼ ❄❄❄ ↕ 2,50 m ↔ 2 m

Cette graminée ornementale forme une immense touffe de feuilles persistantes, étroites. Grands plumets composés d'épillets rose lilas en fin d'été.

Dierama pulcherrimum
DIÉRAMA
☼ ❄❄ ↕ 1,50 m ↔ 60 cm

En été, les fleurs en forme d'entonnoir, rose foncé ou pourpres, pendent gracieusement le long de tiges arquées. Les fruits sont également décoratifs.

Eryngium eburneum
PANICAUT
☼ ❄❄ ↕ 1,50 m ↔ 60 cm

La plante, sculpturale, porte en été des inflorescences ramifiées de fleurs blanc-vert, au-dessus de grandes touffes de feuilles persistantes, longues et épineuses.

Kniphofia 'Prince Igor'
TISON DE SATAN
☼ ☀ ❄❄❄ ↕1,80 m ↔90 cm

Les feuilles étroites et les nombreuses tiges robustes de cette plante imposante sont surmontées de grands épis denses de fleurs rouge orangé vif, de l'été à l'automne.

Lavatera 'Kew Rose'
LAVATÈRE ARBUSTIVE
☼ ❄❄ ↕↔2 m

Les tiges ramifiées, ligneuses à la base, portent des feuilles gris-vert et une succession de fleurs roses en été. Préfère une situation abritée.

Linaria dalmatica
LINAIRE
☼ ❄❄❄ ↕1 m ↔90 cm

Cette linaire buissonnante produit des tiges dressées garnies de feuilles duveteuses, vert bleuté. En été, les épis de fleurs jaunes ressemblent à ceux du muflier.

VIVACES HERBACÉES MOYENNES À GRANDES POUR SOL SABLEUX

Echinops ritro 'Veitch's Blue'
Echinops sphaerocephalus
Eremurus robustus
Eremurus stenophyllus
Lilium auratum
Lilium regale
Malva alcea var. *fastigiata*
Salvia involucrata 'Bethellii'
Verbascum chaixii 'Album'

Perovskia atriplicifolia 'Blue Spire'
PÉROVSKIA
☼ ❄❄❄ ↕1,20 m ↔90 cm

Ce sous-arbrisseau tolère la sécheresse. Il a des feuilles gris-vert très dentelées, aromatiques. En été et en automne, il porte des panicules de fleurs bleu lavande.

Romneya coulteri
PAVOT DE CALIFORNIE
☼ ❄❄ ↕↔2 m

Cette plante vigoureuse, à base ligneuse, forme des touffes de tiges à feuilles duveteuses, vert bleuté. En été, grandes fleurs blanches à cœur jaune.

Salvia cacaliifolia
SAUGE
☼ ❄❄❄ ↕1,20 m ↔90 cm

Cette vivace robuste, ramifiée, à feuilles triangulaires et fins épis de fleurs bleu foncé du milieu de l'été à l'automne, exige une situation chaude et ensoleillée.

Verbascum 'Gainsborough'
MOLÈNE
☼ ❄❄❄ ↕1,20 m ↔60 cm

Belle, mais à vie courte, cette molène possède des rosettes de feuilles fripées, semi-persistantes, et des épis ramifiés de fleurs jaunes en été.

Petites vivaces pour sol acide

BIEN QUE LA plupart des vivaces prospèrent dans des sols légèrement acides à neutres, quelques-unes exigent une terre acide riche en humus. Les espèces ci-dessous n'excédant pas 30 cm de hauteur, elles conviennent pour les lisières de sous-bois légèrement ombragées, les rocailles ou les petits jardins de tourbière.

AUTRES PETITES VIVACES POUR SOL ACIDE

Blechnum spicant
Cornus canadensis
Gentiana sino-ornata
Phlox stolonifera
Shortia galacifolia
Trillium sp.
Uvularia grandiflora
Uvularia sessilifolia
Vancouveria hexandra
Viola pedata

Celmisia walkeri
CELMISIA
☼ ◐ ❄❄❄ ↕30 cm ↔1 m

Les rosettes de feuilles persistantes, coriaces, grisâtres, forment un tapis. En début d'été apparaissent des capitules blancs à centre jaune.

Gentiana 'Kingfisher'
GENTIANE
☼ ◐ ❄❄❄ ↕5 cm ↔30 cm

Les belles fleurs bleues en trompette, à l'extérieur strié de blanc et bleu foncé, s'ouvrent en automne sur un tapis de feuilles étroites, semi-persistantes.

Dodecatheon meadia f. *album*
GYROSELLE DE VIRGINIE
☼ ◐ ❄❄❄ ↕30 cm ↔25 cm

Au printemps, des ombelles de fleurs inclinées à pétales réfléchis, blanches à centre foncé, émergent des rosettes de feuilles. Préfère un sol riche en humus.

Iris 'Arnold Sunrise'
IRIS
☼ ◐ ❄❄❄ ↕25 cm ↔30 cm

C'est une touffe vigoureuse à feuilles semi-persistantes à persistantes, longues et étroites. Les fleurs blanches à gorge jaune s'ouvrent au printemps. Tolère les sols secs.

Lithodora diffusa 'Grace Ward'
GRÉMIL
☼ ❄❄❄ ↕15 cm ↔90 cm

Des fleurs d'un bleu azur profond surmontent, au début de l'été, le tapis dense de ce sous-arbrisseau à feuillage persistant. Idéal pour une rocaille.

Vivaces moyennes à grandes pour sol acide

LES VIVACES décrites ci-dessous préfèrent un sol neutre à acide. Elles sont souvent originaires des régions de sous-bois et de montagnes, et exigent une bonne humidité au printemps et en été (mais pas de sol détrempé). Atteignant 1 m ou plus, elles offrent un superbe décor pour un massif ou un jardin avec une terre riche en humus.

Blechnum tabulare
BLECHNUM
☼ ◐ ❄❄ ↕↔ 1 m

Semi-persistante à persistante, cette fougère forme une grande touffe de frondes coriaces. Les frondes fertiles couvertes de spores brunes émergent du centre.

Iris ensata 'Variegata'
IRIS JAPONAIS
☼ ❄❄❄ ↕ 90 cm ↔ 45 cm

Cet iris forme des touffes de feuilles rubanées, vert grisé panaché de blanc. Les fleurs pourpres naissent sur des tiges dressées en été. Aime les sols humides.

Lilium auratum
LIS DORÉ DU JAPON
☼ ◐ ❄❄❄ ↕ 1,50 m ↔ 30 cm

Les hautes tiges à feuilles lancéolées portent jusqu'à douze fleurs parfumées, blanches, à mouchetures rouges et bandes jaunes, en fin d'été et en début d'automne.

Meconopsis chelidoniifolia
MÉCONOPSIS
◐ ❄❄❄ ↕ 1 m ↔ 60 cm

Cette vivace élégante développe des touffes de longues tiges feuillues ramifiées. Les fleurs jaune pâle, inclinées, en forme de coupe, apparaissent en été.

Thalictrum rochebruneanum
PIGAMON
◐ ❄❄❄ ↕ 1,20 m ↔ 30 cm

Cette vivace forme des touffes de grandes feuilles très divisées. Les inflorescences de fleurs roses apparaissent en été. Pour sol humide riche en humus.

AUTRES VIVACES MOYENNES À GRANDES POUR SOL ACIDE

Aruncus dioicus
Asclepias incarnata
Chelone lyonii
Cimifuga racemosa
Digitalis purpurea
Dryopteris dilatata
Iris versicolor
Lilium speciosum
Osmunda regalis
Smilacina racemosa

Vivaces petites à moyennes pour sol calcaire

CONTRAIREMENT à ce qu'affirme la croyance populaire, selon laquelle les plantes de choix ne poussent qu'en sol acide, il existe une grande variété de vivaces qui se plaisent dans les terres neutres ou alcalines. Les plantes suivantes, mesurant moins de 1 m de hauteur, sont appropriées en bordure de massif ou dans une rocaille.

Bergenia 'Beethoven'
BERGÉNIA
☼ ◑ ❄❄❄ ↕ 40 cm ↔ 60 cm

Ce superbe hybride forme une touffe basse de grandes feuilles coriaces. Au printemps émergent des grappes de fleurs blanches à calice rougeâtre.

Acanthus dioscoridis
ACANTHE
☼ ❄❄❄ ↕ 40 cm ↔ 60 cm

Cette belle vivace forme des touffes de feuilles velues lancéolées. Les épis denses de fleurs rose vif à bractées vertes s'ouvrent au printemps et en été.

Campanula punctata
CAMPANULE
☼ ◑ ❄❄❄ ↕↔ 40 cm

Au début de l'été, les tiges florales dressées de cette vivace facile portent des grandes clochettes tubulaires, blanc à rose foncé, tachetées à l'intérieur.

AUTRES VIVACES PETITES À MOYENNES POUR SOL CALCAIRE

Anacyclus pyrethrum var. *depressus*
Campanula glomerata
Centranthus ruber
Coreopsis grandiflora
Euphorbia rigida
Geranium sanguineum
Gypsophila paniculata
Iris barbus
Platycodon grandiflorus
Scabiosa caucasica

Allium cristophii
AIL D'ORNEMENT
☼ ❄❄ ↕ 50 cm ↔ 15 cm

Les grandes inflorescences globuleuses de fleurs étoilées rose pourpre en début d'été sont suivies d'une fructification décorative. Un des plus spectaculaires du genre.

Delphinium tatsienense
DELPHINIUM
☼ ❄❄❄ ↕ 60 cm ↔ 30 cm

Cette charmante espèce, plus légère que les grands hybrides classiques, produit en été des tiges ramifiées de fleurs bleu vif à long éperon.

Dianthus 'Mrs. Sinkins'
ŒILLET MIGNARDISE
☼ ❄❄❄ ↕↔ 30 cm

Délicieusement parfumé, ce bel œillet porte de nombreuses fleurs doubles blanches, frangées, au début de l'été. Feuillage persistant, gris-vert.

Francoa sonchifolia
FRANCOA
☼ ◐ ❄❄ ↕ 60 cm ↔ 50 cm

Les touffes de feuilles persistantes, velues, très lobées, sont surmontées en été de fins épis de fleurs roses à zones plus foncées. Excellente fleur à bouquet.

Geranium 'Brookside'
GÉRANIUM VIVACE
☼ ◐ ❄❄❄ ↕ 50 cm ↔ 75 cm

Les feuilles finement découpées de cette plante vigoureuse forment un monticule qui se couvre en été de fleurs bleu clair intense, à centre blanc.

Helleborus x *nigristern*
HELLÉBORE
☼ ◐ ❄❄❄ ↕ 30 cm ↔ 45 cm

C'est un bel hybride à feuilles marbrées, dentées. Les grandes fleurs en forme de coupe, blanches ou teintées de rose, s'ouvrent en hiver. Syn. *H.* x *ericsmithii.*

Lathyrus vernus
POIS VIVACE
☼ ◐ ❄❄❄ ↕ 30 cm ↔ 45 cm

Au printemps, les grappes légères de fleurs papilionacées rose violacé sont très décoratives. Le beau feuillage est profondément découpé, vert brillant.

Milium effusum 'Aureum'
MILLET DES BOIS
◐ ❄❄❄ ↕↔ 60 cm

Les élégantes touffes de feuilles jaunes, prenant une teinte verdâtre en été, sont surmontées d'épis dorés au début de l'été. Se ressème facilement.

Pulsatilla vulgaris f. *alba*
PULSATILLE
☼ ❄❄❄ ↕↔ 20 cm

Cette forme blanche de l'espèce produit une touffe de feuilles velues, finement divisées. Fleurs blanches au printemps, suivies de fruits plumeux.

Viola cornuta
Groupe Alba
VIOLETTE CORNUE
☼ ◐ ❄❄❄ ↕ 15 cm ↔ 30 cm

Sa longue floraison rend cette violette inestimable. Une succession de fleurs blanches orne le tapis de feuilles persistantes, dentées, au printemps et en été.

Vivaces moyennes à grandes pour sol calcaire

SI LES VIVACES recommandées pour les terrains calcaires n'ont pas toutes une préférence pour ce type de sol, elles ont cependant prouvé qu'elles s'adaptaient bien à ces conditions et s'y révélaient parfaitement fiables. La sélection qui suit regroupe quelques vivaces particulièrement remarquables atteignant 1 à 3 m de hauteur.

Artemisia lactiflora
ARMOISE
☼ ❄❄❄ ↕ 1,50 m ↔ 90 cm

Les touffes denses de tiges dressées sont garnies de feuilles divisées à bords déchiquetés. Inflorescences ramifiées de minuscules fleurs blanc crème en été.

Cortaderia selloana 'Pumila'
HERBE DES PAMPAS
☼ ❄❄❄ ↕ 1,50 m ↔ 1,20 m

Cette variété compacte d'herbe des pampas reste assez grande pour être plantée isolée sur une pelouse. En été, plumets denses d'épillets blanc argenté.

Euphorbia sikkimensis
EUPHORBE
☼ ◐ ❄❄❄ ↕ 1,20 m ↔ 60 cm

Les tiges dressées de cette euphorbe portent des feuilles étroites et des inflorescences jaunes en été. Au printemps, les jeunes pousses sont rose vif.

Campanula lactiflora 'Loddon Anna'
CAMPANULE
☼ ◐ ❄❄❄ ↕ 1,50 m ↔ 90 cm

Facile à cultiver, cette campanule produit en été des grappes coniques de fleurs rose lilas surmontant des tiges duveteuses. Peut nécessiter un tuteur.

Eremurus robustus
LIS DES STEPPES
☼ ❄❄❄ ↕ 2,50 m ↔ 1 m

En été apparaissent de longs épis magnifiques de fleurs étoilées rose pâle, tandis que se fanent les touffes de feuilles rubanées bleu-vert.

Lavatera 'Barnsley'
LAVATÈRE ARBUSTIVE
☼ ❄❄ ↕↔ 2 m

Une succession de fleurs blanches à cœur rouge rosé, du printemps jusqu'à l'automne, et un beau feuillage gris-vert sont les atouts de cette grande vivace.

Oenothera stricta 'Sulphurea'
ONAGRE
☼ ✻✻✻ ↕ 90 cm ↔ 15 cm

Pendant des semaines durant l'été, les fines tiges dressées de cette vivace portent des grosses fleurs parfumées, jaune pâle, qui s'ouvrent le soir. Se ressème.

Phytolacca polyandra
PHYTOLACCA
☼ ◐ ✻✻✻ ↕ 1,20 m ↔ 60 cm

En automne, les tiges charnues deviennent cramoisies, et les feuilles jaunes. Épis dressés de fruits globuleux, noir luisant, remarquables, mais toxiques.

Polygonatum verticillatum
SCEAU DE SALOMON
☼ ◐ ✻✻✻ ↕ 1 m ↔ 40 cm

En début d'été, les grappes légères de fleurs blanc verdâtre, suivies de baies rouges, pendent sur de fines tiges. Longues feuilles étroites verticillées.

Thalictrum flavum ssp. *glaucum*
PIGAMON
☼ ✻✻✻ ↕ 1,50 m ↔ 60 cm

Le feuillage bleuté de cette plante majestueuse crée de magnifiques contrastes avec les verts et les pourpres. Inflorescences jaunes vaporeuses en été.

Veronicastrum virginicum f. *album*
VERONICASTRUM
☼ ◐ ✻✻✻ ↕ 2 m ↔ 60 cm

Les belles touffes de tiges dressées, raides, sont garnies de verticilles de feuilles étroites et dentées. De l'été à l'automne, fleurs blanches en épis denses et fuselés.

AUTRES VIVACES MOYENNES À GRANDES POUR SOL CALCAIRE

Anchusa azurea
Anemone × *hybrida* et cv.
Buddleia davidii
Campanula latifolia
Centaurea macrocephala
Echinops ritro
Kniphofia sp. et cv.
Lavatera 'Rosea'
Perovskia atripicifolia
Verbascum sp. et cv.

Vivaces pour situation sèche et ensoleillée

EN ÉTÉ, les périodes de sécheresse ne sont pas rares et s'accompagnent parfois de restrictions d'eau. Les vivaces qui tolèrent les conditions sèches et ensoleillées se révèlent alors bien précieuses. Heureusement, grâce à un enracinement profond ou des feuilles très velues ou cireuses, de nombreuses plantes supportent de telles conditions.

AUTRES VIVACES HERBACÉES POUR SITUATION SÈCHE ET ENSOLEILLÉE

Acanthus hirsutus
Achillea sp. et cv.
Cynara cardunculus
Echinops ritro 'Veitch's Blue'
Linum narbonense
Pennisetum orientale
Sedum sp. et cv.
Sempervivum sp. et cv.
Stachys byzantina
Verbascum chaixii

Anthericum liliago
PHALANGÈRE
☼ ❄❄❄ ↕ 60 cm ↔ 30 cm

Les longs et élégants épis de petites fleurs blanches étoilées émergent en début d'été au-dessus de touffes de longues feuilles rubanées vert argenté.

Asteriscus maritimus
ASTERISCUS
☼ ❄❄ ↕ 25 cm ↔ 90 cm

Cette vivace à base ligneuse forme un tapis dense ponctué, à la fin du printemps et en été, de fleurs jaunes en capitules. Petites feuilles à poils rugueux.

Artemisia alba
ARMOISE
☼ ❄❄❄ ↕ 45 cm ↔ 30 cm

Les fines tiges érigées, blanc grisâtre, de cette plante à base ligneuse s'ornent d'un feuillage aromatique, très découpé, gris argenté, du plus bel effet.

Catananche caerulea 'Bicolor'
CATANANCHE BLEUE
☼ ❄❄❄ ↕ 50 cm ↔ 30 cm

Les touffes de longues feuilles étroites produisent, du milieu de l'été à l'automne, des hampes dressées terminées par une fleur blanche à centre pourpre.

Crepis incana
CREPIS
☼ ❄❄❄ ↕↔ 30 cm

En fin d'été, de belles fleurs rose clair en capitules couronnent de fines tiges ramifiées au-dessus de rosettes de feuilles très velues, vert grisâtre.

Eryngium × *tripartitum*
PANICAUT
☼ ❄❄❄ ↕ 1 m ↔ 50 cm

Les tiges raides, très ramifiées, portent des feuilles à long pétiole et des petites ombelles de fleurs bleu violacé à bractées gris-bleu, en été et en automne.

Phlomis purpurea
PHLOMIS
☼ ❄❄ ↕↔ 60 cm

Vivace à base ligneuse ou sous-arbrisseau, cette plante a des tiges laineuses et des feuilles poilues, gris-vert. Verticilles de fleurs bilabiées, rose à pourpre, en été.

Yucca gloriosa
YUCCA
☼ ❄❄❄ ↕ 2 m ↔ 1 m

Les feuilles persistantes vert bleuté, lancéolées et épineuses, naissent sur une courte tige ligneuse. En fin d'été ou en automne émerge une immense panicule de fleurs ivoire.

Papaver orientale 'Perry's White'
PAVOT D'ORIENT
☼ ❄❄❄ ↕↔ 90 cm

Les touffes de tiges robustes et poilues portent en été de grandes fleurs blanches solitaires à centre pourpre-brun. Feuilles très découpées, à poils raides.

AUTRES VIVACES À FEUILLAGE PERSISTANT POUR SITUATION SÈCHE ET ENSOLEILLÉE

Achillea 'Moonshine'
Cortaderia selloana 'Pumila'
Euphorbia nicaeensis
Iris innominata
Iris unguicularis
Marrubium libanoticum
Phlomis russeliana
Santolina neapolitana
Santolina rosmarinifolia 'Primrose Gem'
Stachys byzantina 'Big Ears'

Tropaeolum polyphyllum
CAPUCINE
☼ ❄❄ ↕ 10 cm ↔ 1 m

Des fleurs à long éperon, jaune vif ou orangées, couvrent en été les pousses de cette plante vigoureuse. Feuilles lobées et tiges charnues vert bleuté.

Zauschneria californica ssp. *cana* 'Dublin'
FUCHSIA DE CALIFORNIE
☼ ❄❄ ↕ 30 cm ↔ 50 cm

C'est une excellente vivace pour les jardins du Sud, à port arbustif et feuilles étroites, gris-vert. Les fleurs rouges tubulaires s'ouvrent en fin d'été et en automne.

Plantes bulbeuses pour situation sèche et ensoleillée

UN GRAND NOMBRE de plantes bulbeuses proviennent de régions méditerranéennes ou de zones à climat similaire – chaud, ensoleillé et sec –, dont l'ouest et le centre de l'Asie. Toutes les plantes suivantes préfèrent la chaleur et le plein soleil, ainsi qu'un sol bien drainé. Les bulbes peu rustiques peuvent être cultivés en pots et rentrés en hiver.

Amaryllis belladonna 'Hathor'
AMARYLLIS
☼ ❄❄ ↕ 60 cm ↔ 30 cm

En automne, les tiges dressées et charnues portent des ombelles de fleurs en entonnoir, blanc pur. Les feuilles rubanées apparaissent au printemps.

Anemone x *fulgens*
ANÉMONE
☼ ❄❄❄ ↕ 30 cm ↔ 10 cm

Les fleurs rouge vif à centre noir s'ouvrent au printemps sur un feuillage vert brillant, très découpé. Excellente pour les plantations de groupe.

Anomatheca laxa
ANOMATHÉCA
☼ ❄❄ ↕ 20 cm ↔ 10 cm

Cette charmante petite plante produit des feuilles étroites et des fleurs rouges en été. Elle se ressème une fois bien établie, surtout en sol sableux et ensoleillé.

AUTRES PLANTES BULBEUSES POUR SITUATION SÈCHE ET ENSOLEILLÉE

Allium cristophii
Allium schubertii
Anemone blanda
Anemone pavonina
Calochortus sp.
Colchicum autumnale
Crocus sp. et cv.
Ipheion uniflorum
Iris bucharica
Ixiolirion tataricum
Lilium candidum
Lilium regale
Lilium x *testaceum*
Oxalis adenophylla
Pancratium illyricum
Sternbergia lutea
Triteleia laxa
Tulipa kaufmanniana

Arum creticum
ARUM
☼ ❄❄ ↕ 50 cm ↔ 30 cm

Cette belle vivace développe en automne des touffes de larges feuilles sagittées, vert profond. Une spathe blanche ou jaune à spadice érigé émerge au printemps.

Dracunculus vulgaris
SERPENTAIRE
☼ ❄❄ ↕ 90 cm ↔ 60 cm

Les tiges tachetées de cette curieuse vivace portent des feuilles très divisées, à long pétiole, et des fleurs veloutées, pourpre-marron foncé, en été.

Eremurus stenophyllus
LIS DES STEPPES
☼ ❄❄❄ ↕ 1 m ↔ 60 cm

Non bulbeuse au sens strict, cette vivace émet depuis sa souche charnue des feuilles rubanées et de grandes inflorescences de fleurs jaunes, en été.

Gladiolus communis ssp. *byzantinus*
GLAÏEUL DE BYZANCE
☼ ❄❄❄ ↕ 1 m ↔ 30 cm

Facile à cultiver, cette plante robuste forme rapidement une touffe de tiges feuillées portant durant l'été de grands épis de fleurs magenta.

Hermodactylus tuberosus syn. *Iris tuberosa*
HERMODACTYLUS
☼ ❄❄❄ ↕ 30 cm ↔ 10 cm

Cette charmante plante à feuilles étroites et fleurs vert jaunâtre ressemblant à un iris, au printemps, porte des pétales extérieurs bordés de brun sombre.

Scilla peruviana
SCILLE DU PÉROU
☼ ❄❄ ↕ 30 cm ↔ 20 cm

Les rosettes basales de larges feuilles rubanées sont surmontées en fin de printemps de grandes inflorescences coniques de petites fleurs bleues étoilées.

Triteleia hyacinthina
syn. *Brodiaea hyacinthina* **TRITÉLIA**
☼ ❄❄ ↕ 70 cm ↔ 10 cm

Tel un ail d'ornement, sans odeur, cette très jolie bulbeuse produit des ombelles de fleurs blanches étoilées sur de fines tiges, au début de l'été.

Tulipa clusiana
TULIPE DE L'ÉCLUSE
☼ ❄❄❄ ↕ 30 cm ↔ 10 cm

Cette belle tulipe fine et élégante, à feuilles étroites, gris-vert, et fleurs printanières blanches à centre rouge foncé, a des pétales externes à revers rouge rosé.

Tulipa tarda
TULIPE
☼ ❄❄❄ ↕ 15 cm ↔ 10 cm

C'est une des plus jolies tulipes botaniques, facile à cultiver, produisant une rosette de feuilles étroites et, au printemps, des fleurs étoilées jaune et blanc.

Vivaces pour ombre sèche

LES EMPLACEMENTS ombragés et dont le sol est sec, sous les arbres et les arbustes, sont parmi les plus délicats à planter. La solution la plus facile consiste à cultiver les espèces suivantes, qui peuvent tolérer de telles conditions. Si les racines des arbres posent problème, il est possible de recouvrir le sol d'un feutre horticole et d'une nouvelle couche de terre.

AUTRES VIVACES À FEUILLAGE PERSISTANT POUR OMBRE SÈCHE

Acanthus mollis Groupe Latifolius
Euphorbia amygdaloides 'Purpurea'
Helleborus foetidus
Lamium galeobdolon 'Florentinum'
Ophiopogon japonicus
Polystichum munitum
Reineckia carnea
Vinca major ssp. *hirsuta*
Waldsteinia ternata

Buglossoides purpurocaerulea
syn. *Lithospermum purpurocaeruleum*
GRÉMIL
☼ ☀ ❄❄❄ ↕ 60 cm ↔ 90 cm

La touffe basse émet des longues pousses qui s'enracinent. Fleurs pourpres virant au bleu vif, de la fin du printemps à l'été.

Claytonia sibirica
CLAYTONE
☼ ☀ ❄❄❄ ↕ 20 cm ↔ 15 cm

Cette vivace à vie courte se ressème facilement. Feuilles vertes charnues et nombreuses petites fleurs roses ou blanches, en fin de printemps et en été.

Epimedium perralderianum
ÉPIMÈDE
☼ ☀ ❄❄❄ ↕ 30 cm ↔ 60 cm

Au printemps, les grappes de fleurs jaune vif émergent des touffes de feuilles persistantes à trois folioles, vert foncé luisant, bronze quand elles sortent.

Euphorbia amygdaloides var. *robbiae*
EUPHORBE DES BOIS
☼ ☀ ❄❄❄ ↕ ↔ 60 cm

Cette vivace vigoureuse à tiges dressées et feuilles persistantes, vert foncé, coriaces, porte au printemps des inflorescences vert jaunâtre.

AUTRES VIVACES À FEUILLAGE PERSISTANT POUR OMBRE SÈCHE

Acanthus mollis Groupe Latifolius
Euphorbia amygdaloides 'Purpurea'
Helleborus foetidus
Lamium galeobdolon 'Florentinum'
Ophiopogon japonicus
Polystichum munitum
Reineckia carnea
Vinca major ssp. *hirsuta*
Waldsteinia ternata

Geranium phaeum 'Album'
GÉRANIUM VIVACE
☼ ◑ ❄❄❄ ↕ 80 cm ↔ 50 cm

Ce ravissant géranium porte de l'été à l'automne des fleurs pendantes, blanches, à étamines jaunes, au-dessus de touffes de feuilles lobées, vert tendre.

Iris foetidissima var. *citrina*
IRIS GIGOT
◑ ● ❄❄❄ ↕ 70 cm ↔ 60 cm

Cette vivace à feuilles persistantes, rubanées et raides, produit en été des fleurs jaunes, suivies durant l'hiver de grappes de fruits rouge orangé.

Lamium galeobdolon 'Hermann's Pride'
LAMIER JAUNE
◑ ● ❄❄❄ ↕ 60 cm ↔ 1,20 m

En été, les tiges dressées portent des bouquets de fleurs bilabiées jaunes, à l'aisselle des feuilles très dentées, marbrées de gris, persistantes.

Saxifraga stolonifera
SAXIFRAGE
◑ ● ❄❄❄ ↕ 30 cm ↔ 20 cm

Des rosettes de feuilles aux nervures claires émettent des stolons rouges qui forment de nouvelles plantules à leur extrémité. Fleurs blanches en été.

Symphytum 'Hidcote Pink'
CONSOUDE
☼ ◑ ❄❄❄ ↕↔ 40 cm

Excellent couvre-sol, cette vivace forme des tapis de tiges dressées à feuillage abondant. Grappes pendantes de fleurs rose et blanc au printemps.

Tolmiea menziesii
TOLMIÉE
◑ ● ❄❄❄ ↕↔ 60 cm

Les feuilles velues de cette vivace tapissante forme de nouvelles plantules à leur base. Au printemps, panicules légères de minuscules fleurs vert brunâtre.

Trachystemon orientalis
BOURRACHE DU CAUCASE
☼ ◑ ❄❄❄ ↕ 40 cm ↔ variable

A terme, cette plante tapissante forme de grandes étendues de feuilles à poils raides et long pétiole. Fleurs bleues à étamines pourpres en cônes.

Vivaces pour ombre humide

CERTAINES DES VIVACES les plus exquises et très recherchées proviennent des sous-bois d'arbres à feuilles caduques, où l'ardeur du soleil est atténuée par les feuillages. Ces plantes sont excellentes pour les massifs ombragés près de la maison et dans le jardin, qui reste bien humide durant la saison de végétation.

AUTRES VIVACES POUR OMBRE HUMIDE

Cardamine pentaphyllos
Mertensia pulmonarioides
Plagiorhegma dubium
Pulmonaria rubra
Pulmonaria saccharata 'Mrs Moon'
Rodgersia aesculifolia
Rodgersia pinnata
Sanguinaria canadensis
Trillium grandiflorum
Trillium grandiflorum 'Plenum'

Actaea rubra
ACTÉE
☼ ❄❄❄ ↕45 cm ↔30 cm

Cette plante toxique est cultivée pour ses feuilles très divisées et ses grappes terminales, denses, de baies rouge brillant en fin d'été et en automne.

Convallaria majalis var. *rosea*
MUGUET
☼ ☀ ❄❄❄ ↕20 cm ↔30 cm

Cette variante du muguet classique forme un tapis de feuilles groupées par paires. Les grappes lâches de clochettes rose-mauve s'ouvrent au printemps.

Dactylorhiza foliosa
ORCHIDÉE TERRESTRE
☼ ❄❄❄ ↕60 cm ↔20 cm

A terme, cette spectaculaire orchidée forme une touffe de feuillage luxuriant, aux épis denses de fleurs pourpre vif en fin de printemps ou début d'été.

Anemonopsis macrophylla
ANEMONOPSIS
☼ ❄❄❄ PH ↕60 cm ↔50 cm

Les touffes de feuilles ressemblant à des frondes de fougère portent de délicates inflorescences de fleurs inclinées, cireuses, pourpre-lilas, en fin d'été.

Corydalis flexuosa
CORYDALE
☼ ❄❄❄ ↕↔30 cm

Au printemps et en début d'été, de belles grappes de fleurs bleues émergent du feuillage vert bleuté, très découpé, qui apparaît en automne et se fane en été.

Deinanthe caerulea
DEINANTHE
☼ ❄❄❄ ↕40 cm ↔30 cm

Les belles feuilles gaufrées de cette vivace tapissante finissent par former une touffe. Panicules lâches de fleurs bleu violacé charnues, inclinées, en été.

Glaucidium palmatum
GLAUCIDIUM
◐ ☀ ❄❄❄ ↕↔ 50 cm

Cette belle vivace produit des touffes de feuilles joliment lobées et dentées. Fleurs mauve-lilas, en forme de coupe, en fin de printemps et en début d'été.

Trillium cernuum
TRILLE
◐ ☀ ❄❄❄ PH▼ ↕ 50 cm ↔ 30 cm

Impressionnante en groupes, cette charmante vivace forme des touffes de larges feuilles à bord ondulé. Petites fleurs printanières, blanc à rose pâle.

Trillium sessile
TRILLE
◐ ☀ ❄❄❄ PH▼ ↕↔ 30 cm

Pouvant contraster avec *Trillium cernuum*, ce trille a de grandes feuilles joliment marbrées et des fleurs sessiles, dressées, rouges ou marron, au printemps.

Hacquetia epipactis
HACQUETIA
◐ ❄❄❄ ↕ 10 cm ↔ 30 cm

C'est une des plantes de sous-bois les plus précoces, portant de curieuses inflorescences à collerette, vert et jaune, suivies de feuilles vert émeraude.

Sanguinaria canadensis 'Multiplex'
SANGUINAIRE
◐ ☀ ❄❄❄ ↕ 15 cm ↔ 30 cm

Les fleurs doubles blanches s'ouvrent au printemps en même temps que les feuilles, qui, avant de se déployer, sont légèrement enroulées autour des tiges.

Uvularia grandiflora
UVULAIRE
◐ ☀ ❄❄❄ ↕ 60 cm ↔ 30 cm

Cette belle plante de sous-bois forme une touffe de fines tiges dressées, portant au printemps des fleurs jaunes, pendantes, en clochettes allongées.

Plantes bulbeuses pour ombre humide

LES PLANTES BULBEUSES les plus appréciées poussent souvent dans des sols frais et humides, à mi-ombre. Certaines d'entre elles se développent rapidement et finissent par former de larges colonies quand l'espace et les conditions le permettent. La plupart sont faciles à cultiver dans tout emplacement suffisamment humide et ombragé.

Allium moly
AIL DORÉ
☼ ◐ ❄❄❄ ↕ 30 cm ↔ 10 cm

Formant rapidement de belles touffes de feuilles étroites, cette plante porte en début d'été des ombelles de fleurs étoilées jaune vif. Tolère le soleil.

Arisaema triphyllum
ARISÉMA
☼ ◐ ❄❄❄ ↕ 60 cm ↔ 30 cm

Cette plante de sous-bois tolère également le soleil. Feuilles trifoliées, à long pétiole, et fleurs capuchonnées, vertes, parfois rayées, apparaissant au printemps.

Cardiocrinum giganteum var. *yunnanense*
LIS GÉANT
◐ ❄❄❄ ↕ 2,50 m ↔ 60 cm

Cette plante imposante porte en été de longues grappes de fleurs parfumées pendantes, blanc crème, sur de grandes tiges sombres. Disparaît après la floraison.

Arisaema sikokianum
ARISÉMA
◐ ❄❄ ↕ 50 cm ↔ 30 cm

Cette curieuse vivace possède des feuilles à trois folioles joliment nervurées. Les fleurs, sombres, présentent une gorge blanche. Excellente en groupes.

Brimeura amethystina
JACINTHE D'ESPAGNE
☼ ◐ ❄❄❄ ↕ 25 cm ↔ 5 cm

Cette élégante bulbeuse à grappes de fleurs tubulaires bleu vif, en fin de printemps ou au début de l'été, s'étend rapidement si l'emplacement lui convient.

Erythronium 'Pagoda'
ERYTHRONIUM
◐ ❄❄❄ ↕ 30 cm ↔ 10 cm

Au printemps, les tiges foncées portent des fleurs jaunes inclinées, à pétales retournés, sur des rosettes de feuilles marbrées. Vigoureuse, se ressème facilement.

AUTRES PLANTES BULBEUSES POUR OMBRE HUMIDE

Arisarum proboscideum
Arum italicum 'Pictum'
Corydalis flexuosa 'China Blue'
Corydalis flexuosa 'Père David'
Crocus banaticus
Cyclamen repandum
Eranthis hyemalis
Erythronium hendersonii
Galanthus ikariae
Galanthus nivalis 'Flore Pleno'
Galanthus rizehensis
Hyacinthoides non-scripta
Ipheion uniflorum 'Froyle Mill'
Leucojum vernum
Nectaroscordum siculum ssp. *bulgaricum*
Nomocharis pardanthina
Ornithogalum nutans

Erythronium revolutum
ERYTHRONIUM
☼ ❄❄❄ ↕ 30 cm ↔ 10 cm

C'est l'un des plus beaux érythroniums, aux feuilles joliment marbrées et aux élégantes fleurs printanières, roses à centre jaune. Se ressème facilement.

Leucojum aestivum 'Gravetye Giant'
NIVÉOLE D'ÉTÉ
☼ ☼ ❄❄❄ ↕ 90 cm ↔ 10 cm

Cette plante facile forme rapidement des touffes dressées de feuilles vertes. Fleurs inclinées, blanches à extrémités vertes, à la fin du printemps.

Galanthus elwesii
PERCE-NEIGE
☼ ❄❄❄ ↕ 25 cm ↔ 8 cm

Facile à cultiver, ce bulbe a des feuilles étroites, gris-vert, et, en fin d'hiver, des fleurs blanches dont les pétales internes portent des taches vertes.

Galanthus plicatus
PERCE-NEIGE
☼ ❄❄❄ ↕ 15 cm ↔ 8 cm

Ce vigoureux perce-neige finit par former des colonies. Il a des feuilles vert bleuté à bords plissés et, en fin d'hiver, des fleurs blanches à pétales internes marqués de vert.

Narcissus pseudonarcissus
FAUX NARCISSE
☼ ☼ ❄❄❄ ↕ 35 cm ↔ 10 cm

C'est une charmante espèce de sous-bois, apparentée à de nombreux hybrides. Au printemps, les fleurs jaune pâle en trompette évasée sont plus foncées. Facile à naturaliser.

Vivaces pour climat doux ou situation abritée

Si vous avez la chance d'habiter une région à climat doux, vous pourrez cultiver sans grand effort de nombreuses vivaces à l'aspect souvent exotique. Certaines s'accommoderont de climats plus frais si vous leur réservez un emplacement chaud et abrité. Vous pouvez également installer ces plantes en pots et les rentrer en hiver.

Begonia sutherlandii
BÉGONIA TUBÉREUX
☼ ❄ ↕↔ 45 cm

En été, les touffes basses de tiges rouges charnues, à feuilles dentées, portent une profusion de bouquets retombants de fleurs orange à pétiole rouge.

Erythrina crista-galli
ÉRYTHRINE CRÊTE-DE-COQ
☼ ❄❄ ↕ 2 m ↔ 1,50 m

Cette vivace forme un arbuste ou un petit arbre dans les régions où il ne gèle pas. Les fortes tiges épineuses portent des fleurs cireuses rouges en fin d'été.

Bletilla striata 'Albostriata'
BLÉTILLA
☼ ◐ ❄ ↕↔ 60 cm

Cette belle orchidée terrestre forme des touffes de feuilles lancéolées, très nervurées, à marge blanche. Fleurs magenta au printemps et en début d'été.

Crinum x *powellii*
CRINUM
☼ ❄❄ ↕ 1 m ↔ 60 cm

De la fin de l'été à l'automne, les tiges robustes portent des ombelles lâches de fleurs roses, parfumées, au-dessus de larges touffes de feuilles rubanées.

Eucomis comosa
EUCOMIS
☼ ❄❄ ↕ 60 cm ↔ 30 cm

Des épis denses de fleurs blanc verdâtre, surmontés d'une couronne de bractées, émergent en fin d'été sur des tiges charnues. Feuilles rubanées vert brillant.

Fascicularia pitcairniifolia
FASCICULARIA
☼ ❄ ↕↔ 60 cm

Les feuilles étroites et épineuses forment de grandes rosettes. En été, les feuilles internes virent au rouge, tandis que s'ouvrent des fleurs bleues.

AUTRES VIVACES HERBACÉES POUR CLIMAT DOUX

Anigozanthos flavidus
Asclepias physocarpa
Begonia grandis
Canna iridiflora
Commelina coelestis
Diplarrhena moraea
Eucomis bicolor
Gladiolus callianthus
Lobelia tupa
Musa basjoo

Hedychium gardnerianum
HÉDYCHIUM
☼ ❄❄ ↕ 2 m ↔ 1 m

Cette vivace vigoureuse forme une touffe de tiges feuillées érigées portant de grands épis de fleurs parfumées jaune pâle à étamines rouges, en fin d'été.

Lobelia laxiflora var. *angustifolia*
LOBÉLIA
☼ ❄❄ ↕ 60 cm ↔ 1 m

Ligneuses à la base, les tiges dressées portent des feuilles étroites et des fleurs tubulaires lâches, rouge et jaune, en fin de printemps et en début d'été.

Melianthus major
PIMPRENELLE D'AFRIQUE
☼ ❄ ↕ 2 m ↔ 1 m

Cette plante spectaculaire, à feuillage décoratif, forme une touffe de grandes feuilles dentées, gris bleuté, très divisées. Épis de fleurs rouge brunâtre en été.

Pancratium illyricum
PANCRAIS D'ILLYRIE
☼ ❄ ↕↔ 40 cm

En fin d'été, cette plante bulbeuse offre des ombelles de fleurs blanches étoilées, parfumées, sur des tiges dressées aux feuilles rubanées, gris-vert.

Puya alpestris
PUYA
☼ ❄❄ ↕ 1,50 m ↔ 2 m

Après quelques années, la rosette persistante de feuilles épineuses produit en été une tige surmontée d'un épi dense de fleurs cireuses, vert bleuté.

AUTRES VIVACES À FEUILLAGE PERSISTANT POUR CLIMAT DOUX

Agapanthus praecox ssp. *orientalis*
Astelia chathamica
Beschorneria yuccoides
Dianella tasmanica
Dicksonia antarctica
Geranium maderense
Myosotidium hortensia
Osteospermum 'Whirligig'
Puya chilensis
Wachendorfia thyrsiflora

Senecio pulcher
SÉNEÇON DE LA PLATA
☼ ❄❄ ↕ 60 cm ↔ 50 cm

Les touffes basales de longues feuilles sont semi-persistantes, laineuses quand elles sont jeunes. En été, beaux capitules rose pourpré à centre jaune.

SITUATIONS PARTICULIÈRES

QUE VOUS DÉSIRIEZ garnir un coin difficile, obtenir des fleurs ou des feuillages à couper, ou attirer les abeilles et les papillons, vous trouverez toujours une espèce appropriée, grâce à la diversité des plantes vivaces.

Houttuynia cordata 'Chameleon' pour les jardins d'eau

PLANTES À PAPILLONS *Les fleurs des vivaces comme* Inula hookeri *attirent abeilles, papillons et autres insectes butineurs.*

Ce chapitre a été conçu pour vous permettre de trouver des vivaces en fonction de leur usage (plantation en rocaille ou encore jardin d'eau, par exemple), du type d'emplacement (y compris les situations sèches, venteuses ou détrempées) et des problèmes éventuels (maladies ou pollution). Pour choisir des plantes pour un emploi ou un emplacement particulier, intéressez-vous aux espèces qui poussent, à l'état sauvage, dans des conditions similaires. C'est ainsi que les jardins d'eau et de tourbière requièrent des plantes naturellement tolérantes aux sols humides. De même, réservez pour les rocailles les espèces qui apprécient un sol bien drainé. Les jardins côtiers, soumis à des vents violents, demandent des vivaces robustes comme les panicauts, adaptés à des conditions rudes. La résistance est également une qualité requise pour les endroits où la compétition est forte, dans une prairie sauvage ou au pied des haies, par exemple.

PROBLÈMES SPÉCIFIQUES

Les vivaces offrent plus qu'un choix de plantes pour une situation particulière ; vous trouverez en elles des alliées pour faire face à certains problèmes agaçants du jardin. Un nombre surprenant de plantes inappétantes réussissent à éloigner les animaux indésirables, tels les escargots, chevreuils et lapins. Il existe également des plantes pauvres en allergènes, recommandées aux jardiniers souffrant d'allergies.

POUR LE PLAISIR DE L'ŒIL

La valeur ornementale des vivaces n'est pas toujours pleinement appréciée. Beaucoup conviennent à une culture en pots, sur une terrasse ombragée ou ensoleillée, ou à une plantation en sujet isolé. D'autres, qui produisent des fleurs ou un feuillage à couper, étendent leur effet décoratif à la maison. Certaines, avec leurs inflorescences séchées, sont parfaites pour égayer l'intérieur durant l'hiver.

△ EFFET NATUREL *De nombreuses vivaces, surtout des bulbes, comme ces jolies fritillaires, semblent pousser naturellement dans une pelouse.*

◁ ROCAILLE *Les vivaces originaires de milieux rocheux, bien drainants, sauront apprécier un tel jardin de rocaille.*

▷ AU BORD DE L'EAU *Un étang à la végétation luxuriante, superbe décor de jardin, devient un refuge pour la faune sauvage.*

Vivaces couvre-sol pour situation ensoleillée

LES PLANTES COUVRE-SOL jouent un rôle très utile au jardin, en camouflant le terrain nu. Elles poussent généralement vite, et, placées au soleil, les espèces suivantes sauront combler vos attentes en vous offrant la beauté de leur feuillage ou de leurs fleurs. Pour obtenir un bel effet plus rapidement, plantez-les en groupes.

Ceratostigma plumbaginoides
DENTELAIRE
☼ ❄❄❄ ↕ 30 cm ↔ 40 cm

Cette vivace rampante finit par former un épais tapis de pousses rougeâtres virant au rouge orangé en automne. Bouquets de fleurs bleu vif en fin d'été.

Diascia 'Salmon Superb'
DIASCIA
☼ ❄❄❄ ↕ 15 cm ↔ 50 cm

Les légers bouquets de fleurs rose pâle émergent du tapis semi-persistant de petites feuilles cordiformes. Floraison longue et abondante, en été et en automne.

Geranium 'Ann Folkard'
GÉRANIUM VIVACE
☼ ◐ ❄❄❄ ↕ 60 cm ↔ 1,50 m

Peu de géraniums vivaces fleurissent autant que celui-ci, avec son épais tapis de feuilles vert-jaune profondément lobées et ses fleurs magenta, en été et en automne.

Helianthemum lunulatum
HÉLIANTHÈME
☼ ❄❄❄ ↕ 15 cm ↔ 30 cm

Cette vivace tapissante, à feuilles persistantes velues, vert grisâtre, porte des bouquets de fleurs jaunes à étamines jaune orangé, à la fin du printemps et en été.

AUTRES VIVACES COUVRE-SOL À FEUILLAGE PERSISTANT POUR SITUATION ENSOLEILLÉE

Acaena 'Blue Haze'
Arabis caucasica 'Rosabella'
Aubrieta 'Alsace'
Cerastium tomentosum
Geranium sanguineum var. *striatum*
Globularia cordifolia
Helianthemum 'Rhodanthe Carneum'
Lamium maculatum 'Album'
Polygonum affine 'Donald Lowndes'
Veronica peduncularis 'Georgia Blue'

Polygonum vacciniifolium
RENOUÉE
☼ ◐ ❄❄❄ ↕ 15 cm ↔ 30 cm

Cette plante forme rapidement un tapis de petites feuilles lustrées se colorant en automne, aux épis dressés de fleurs rose foncé, de la fin de l'été à l'automne.

AUTRES VIVACES HERBACÉES COUVRE-SOL POUR SITUATION ENSOLEILLÉE

Alchemilla alpina
Gunnera magellanica
Hippocrepis comosa
Hypsella reniformis
Oenothera macrocarpa
Phuopsis stylosa
Potentilla aurea
Saponaria ocymoides
Scutellaria orientalis
Tropaeolum polyphyllum

Phyla nodiflora
PHYLA
☼ ❄❄❄ ↕ 5 cm ↔ indéfinie

Parfois vendue sous le nom de *Lippia*, cette vivace forme rapidement un tapis de petites feuilles. Bouquets de fleurs minuscules en été et en automne.

Silene schafta
SILÈNE
☼ ☀ ❄❄❄ ↕ 15 cm ↔ 20 cm

Les fines tiges et feuilles semi-persistantes, vert vif, forment un dôme bas. Fleurs abondantes, longuement tubulées, rose carminé, de l'été à l'automne.

Rhodanthemum hosmariense
RHODANTHEMUM
☼ ❄❄ ↕↔ 30 cm

Sur une plante basse à souche ligneuse, à fin feuillage dense, argenté, de grandes fleurs de marguerite se succèdent en abondance du début du printemps à l'automne.

Sedum spurium 'Schorbuser Blut'
ORPIN
☼ ❄❄❄ ↕ 10 cm ↔ 60 cm

Vigoureux et tapissant, cet orpin a des feuilles persistantes luisantes qui se teintent de pourpre à maturité. Fleurs roses étoilées en fin d'été.

Stachys byzantina
ÉPIAIRE
☼ ❄❄❄ ↕ 40 cm ↔ 60 cm

Les tiges prostrées et le feuillage gris, laineux, font un couvre-sol persistant très décoratif. Des épis floraux laineux, rose pourpré, émergent en été.

Vivaces couvre-sol pour l'ombre

LES ZONES OMBRAGÉES peuvent héberger un grand nombre de plantes, tant que le sol demeure suffisamment humide. Une partie des vivaces d'ombre sont naturellement rampantes, et leur végétation basse les rend précieuses pour agrémenter les emplacements sous les arbres et arbustes. Les espèces à feuillage persistant sont décoratives toute l'année.

Cyclamen repandum ssp. *peloponnesiacum*
CYCLAMEN
↕ 10 cm ↔ 15 cm

Vivace tubéreuse formant des tapis de feuilles cordiformes à dessins argentés, elle porte, au printemps, des fleurs parfumées rose pâle, carminées au centre.

Ajuga reptans 'Jungle Beauty'
BUGLE
↕ 20 cm ↔ 1 m

Cette plante tapissante à feuilles vert bronze semi-persistantes et à épis de fleurs bleues en fin de printemps est associée ici avec *Lysimachia nummularia* 'Aurea'.

Duchesnea indica
FAUX FRAISIER
↕ 10 cm ↔ 1,20 m

Cet excellent couvre-sol forme un tapis dense de feuilles persistantes, aux fleurs jaunes en été. Les fruits ressemblent à des fraises, mais sont insipides.

AUTRES VIVACES COUVRE-SOL À FEUILLAGE PERSISTANT POUR L'OMBRE

- *Asarum europaeum*
- *Blechnum penna-marina*
- *Cardamine trifolia*
- *Euphorbia amygdaloides* var. *robbiae*
- *Saxifraga* × *geum* 'Dentata'
- *Saxifraga rotundifolia*
- *Symphytum ibericum*
- *Tiarella wherryi*
- *Waldsteinia ternata*

Chrysogonum virginianum
CHRYSOGONUM
↕ 25 cm ↔ 60 cm

Plante de sous-bois à croissance rapide, elle forme un tapis dense de petites feuilles semi-persistantes, aux fleurs jaune vif, brillantes, au printemps et en été.

Epimedium pinnatum ssp. *colchicum*
ÉPIMÈDE
↕↔ 40 cm

De culture facile, cet épimède présente des touffes de feuilles persistantes à bord légèrement dentelé. Au printemps, épis lâches de fleurs jaunes.

Geranium macrorrhizum 'Czakor'
GÉRANIUM VIVACE
☼ ☀ ❄❄❄ ↕ 30 cm ↔ 60 cm

Ce bon couvre-sol à feuilles persistantes, aromatiques, joliment lobées, se teinte de pourpre à l'automne. Nombreuses petites fleurs magenta en début d'été.

Tiarella cordifolia
TIARELLE
☼ ☀ ❄❄❄ ↕ 20 cm ↔ indéfinie

C'est une espèce très jolie en fin de printemps, quand les épis plumeux de fleurs blanches émergent du feuillage persistant. Celui-ci se teinte de bronze en automne.

AUTRES VIVACES HERBACÉES COUVRE-SOL POUR L'OMBRE

Adiantum pedatum
Aegopodium podagraria 'Variegatum'
Anemone nemorosa 'Alba Plena'
Anemone nemorosa 'Robinsoniana'
Arisarum proboscideum
Cyclamen hederifolium
Eomecon chionantha
Galium odoratum
Maianthemum bifolium
Trachystemon orientalis

Lamium galeobdolon 'Florentinum'
LAMIER JAUNE
☼ ☀ ❄❄❄ ↕ 60 cm ↔ indéfini

C'est une des vivaces couvre-sol les plus remarquables, mais envahissante. Feuilles persistantes panachées d'argent et épis de fleurs jaunes bilabiées en été.

Gymnocarpium dryopteris
GYMNOCARPIUM
☼ ☀ ❄❄❄ PH ↕ 20 cm ↔ 30 cm

D'aspect délicat, mais rustique, cette petite fougère possède des frondes triangulaires joliment divisées, qui deviennent vert intense avec l'âge.

Meehania urticifolia
MÉEHANIA
☼ ☀ ❄❄❄ ↕ 30 cm ↔ 2 m

Cette vivace vigoureuse forme des touffes de feuilles cordiformes. Les épis unilatéraux de fleurs violet foncé s'ouvrent en fin de printemps et en début d'été.

Vinca minor 'Gertrude Jekyll'
PETITE PERVENCHE
☼ ☀ ❄❄❄ ↕ 15 cm ↔ indéfinie

Excellent couvre-sol, cet arbuste rampant se marie bien avec les vivaces. Au printemps, les fleurs d'un blanc pur se détachent sur les feuilles vert foncé.

Vivaces aromatiques pour massifs

LES VIVACES appréciées pour leur valeur culinaire ou médicinale sont souvent rassemblées dans une plate-bande ou un carré réservé à cet usage. Si la récolte en est facilitée, ce n'est cependant pas la meilleure façon de mettre en valeur ces plantes, souvent décoratives par leurs fleurs ou leur feuillage. Le plus judicieux est de les intégrer tout simplement dans vos massifs, avec d'autres vivaces.

Achillea ptarmica 'Boule de Neige'
BOUTON D'ARGENT
☼ ❄❄❄ ↕ 60 cm ↔ 45 cm

En été, les touffes de feuilles vert foncé, étroites et dentées, se couvrent de petites fleurs blanches, doubles. Toute la plante a un usage médicinal.

Agastache foeniculum
HYSOPE ANISÉ
☼ ❄❄❄ ↕ 90 cm ↔ 45 cm

Des épis de fleurs bleues à bractées mauves couronnent les tiges en été. Les feuilles velues, à odeur anisée, sont utilisées en tisane et dans les pots-pourris.

Allium schoenoprasum 'Forescate'
CIBOULETTE
☼ ❄❄❄ ↕ 60 cm ↔ 15 cm

Voici une forme vigoureuse et attrayante de la ciboulette classique, avec des touffes de feuilles creuses comestibles et des inflorescences rose pourpré en été.

Althaea officinalis
GUIMAUVE
☼ ☀ ❄❄❄ ↕ 2 m ↔ 1,50 m

Les tiges duveteuses portent des feuilles grisâtres, veloutées, et des fleurs blanches ou roses en fin d'été. Les sucres des racines composaient autrefois la guimauve.

Aristolochia clematitis
ARISTOLOCHE
☼ ☀ ❄❄❄ ↕ 90 cm ↔ 60 cm

Les curieuses fleurs jaunes, finement tubulées, émergent à l'aisselle des feuilles cordiformes en été. Racines traçantes formant des touffes de tiges dressées.

AUTRES VIVACES AROMATIQUES POUR MASSIFS

Armoracia rusticana 'Variegata'
Chrysanthemum balsamita ssp. *tomentosum*
Cichorium intybus 'Roseum'
Foeniculum vulgare 'Purpureum'
Melittis melissophyllum
Mentha suaveolens 'Variegata'
Meum athamanticum
Monarda fistulosa
Origanum vulgare 'Compactum'
Polygonum bistorta
Pulmonaria officinalis
Salvia officinalis 'Icterina'
Saponaria officinalis 'Rosea Plena'
Scutellaria baicalensis
Symphytum peregrinum 'Rubrum'

Levisticum officinale
CÉLERI VIVACE
☼ ❄❄❄ ↕ 2 m ↔ 1 m

Des feuilles très divisées, vert foncé, garnissent les grandes touffes de tiges creuses, couronnées en été par des ombelles de fleurs jaune verdâtre.

Melissa officinalis 'Aurea'
MÉLISSE
☼ ❄❄❄ ↕ 60 cm ↔ 45 cm

Le feuillage panaché de jaune de cette plante vigoureuse dégage une odeur citronnée quand on le froisse. En été, les fleurs minuscules attirent les abeilles.

Myrrhis odorata
CERFEUIL VIVACE
☼ ◐ ❄❄❄ ↕ ↔ 1 m

Portant de larges touffes de tiges creuses à feuilles très divisées et, en été, des ombelles plates de fleurs blanches, suivies de fruits bruns, toute la plante sent l'anis.

Origanum vulgare 'Aureum'
ORIGAN DORÉ
☼ ❄❄❄ ↕ 10 cm ↔ indéfinie

Les touffes basses et denses de feuilles dorées arrondies, aromatiques, portent de l'été à l'automne des petits bouquets serrés de fleurs roses.

Rumex scutatus 'Silver Shield'
OSEILLE
☼ ❄❄❄ ↕ 50 cm ↔ 30 cm

Cette vivace à base ligneuse présente des tiges prostrées et dressées avec de larges feuilles lancéolées, à extrémité argentée. Épis de fleurs verdâtres en été.

Salvia officinalis 'Tricolor'
SAUGE OFFICINALE
☼ ❄❄❄ ↕ 80 cm ↔ 1 m

C'est une vivace ligneuse à la base ou un sous-arbrisseau, portant un feuillage aromatique, laineux, vert panaché de crème, de pourpre et de rose. Fleurs bleues en été.

Vivaces pour haies ou jardins champêtres

VOUS TROUVEREZ fréquemment de belles fleurs sauvages le long des routes, ou au pied des haies. Elles égaient la campagne de leurs coloris vifs, et rien ne vous empêche de recréer dans votre jardin un décor champêtre analogue en utilisant des plantes robustes, capables de résister à la concurrence des autres espèces.

Anemone × *hybrida* 'Königin Charlotte'
ANÉMONE DU JAPON
☼ ◑ ❄❄❄ ↕ 1,50 m ↔ indéfinie

Cette vigoureuse vivace forme des colonies de tiges ramifiées à belles feuilles duveteuses. Grosses fleurs roses semi-doubles en fin d'été et en automne.

Campanula latifolia
CAMPANULE
☼ ◑ ❄❄❄ ↕ 1,50 m ↔ 60 cm

Les tiges robustes et dressées produisent en été de grandes clochettes tubulaires, blanches ou violet clair à foncé, à l'aisselle des feuilles supérieures.

Carex pendula
LAÎCHE PENDANTE
☼ ◑ ❄❄❄ ↕ 1 m ↔ 1,50 m

Les tiges triangulaires retombantes et les feuilles étroites forment de grandes touffes. En été, longs épis floraux verts, pendants. Préfère l'ombre humide.

Helianthus × *multiflorus*
SOLEIL VIVACE
☼ ❄❄❄ ↕ 1,50 m ↔ 90 cm

Les feuilles vert foncé habillent les hautes touffes de tiges ramifiées, qui produisent en fin d'été et en automne des capitules jaunes. Préfère un sol humide.

Heliopsis helianthoides ssp. *scabra* 'Sommersonne' **HÉLIOPSIS**
☼ ❄❄❄ ↕ 90 cm ↔ 60 cm

En fin d'été et en automne, de grands capitules jaune d'or, simples à semi-doubles, à centre brunâtre, couronnent les vigoureuses touffes de tiges ramifiées.

Lathyrus latifolius
POIS VIVACE
☼ ❄❄❄ ↕↔ 2 m

Cette vigoureuse plante grimpante herbacée produit, de l'été à l'automne, des épis de fleurs papilionacées roses ou pourpres, sur de longues tiges ailées.

AUTRES VIVACES À FEUILLAGE PERSISTANT POUR JARDINS CHAMPÊTRES

Epimedium × *perralchicum*
Epimedium pinnatum ssp. *colchicum*
Euphorbia amygdaloides var. *robbiae*
Iris foetidissima var. *citrina*
Lamium galeobdolon 'Florentinum'
Luzula sylvatica
Polystichum setiferum

Lysimachia punctata
LYSIMAQUE
☼ ◑ ❄❄❄ ↕ 80 cm ↔ 60 cm

Cette vivace facile et robuste forme des touffes dressées. En été, les aisselles des feuilles se couvrent de fleurs jaunes. Trop envahissante pour les plates-bandes.

AUTRES VIVACES HERBACÉES POUR JARDINS CHAMPÊTRES

Brunnera macrophylla
Campanula rapunculoides
Campanula trachelium
Cicerbita plumieri
Dryopteris filix-mas
Myrrhis odorata
Pentaglottis sempervirens
Polygonum amplexicaule
Salvia glutinosa
Symphytum caucasicum

Saponaria officinalis 'Rubra Plena'
SAPONAIRE OFFICINALE
☼ ❄❄❄ ↕↔ 90 cm

Les tiges rampantes de cette vivace facile à cultiver forment des taches qui se couvrent, en été, de bouquets de fleurs doubles roses parfumées.

Rumex sanguineus
PATIENCE À NERVURES ROUGES
☼ ❄❄❄ ↕ 90 cm ↔ 30 cm

Cette patience vaut pour ses rosettes de feuilles veinées de rouge ou de pourpre. En automne, tiges dressées portant des fleurs minuscules, puis des fruits marron.

Symphytum orientale
CONSOUDE
☼ ◑ ● ❄❄❄ ↕ 70 cm ↔ 50 cm

Les bouquets retombants de fleurs blanches s'ouvrent, en fin de printemps et en début d'été, sur les tiges dressées de cette plante poilue. Tolère l'ombre sèche.

Vinca major ssp. *hirsuta*
GRANDE PERVENCHE
☼ ◑ ❄❄❄ ↕ 45 cm ↔ indéfinie

Vivace ou sous-arbrisseau, cette plante rampante à feuillage persistant produit des fleurs violettes au printemps, quand les pousses sortent, et en été.

Bulbes à naturaliser

LES PRAIRIES constellées de fleurs sauvages, qui s'étendent à perte de vue, sont toujours un spectacle d'une rare beauté. Si vous voulez réaliser un tel décor dans votre jardin, vous trouverez parmi les bulbes, qui se prêtent particulièrement bien à cet usage, un grand nombre d'espèces et de variétés appropriées. Pour obtenir un effet de végétation spontanée, plantez-les en groupes, en laissant suffisamment d'intervalle pour permettre leur extension.

Anemone pavonina
ANÉMONE DES JARDINS
☼ ❄❄❄ ↕ 30 cm ↔ 20 cm

Cette anémone à feuilles très découpées est idéale pour les situations ensoleillées, dans une pelouse rase. Belles fleurs rouges à centre foncé au printemps.

Camassia leichtlinii
QUAMASH
☼ ◐ ❄❄ ↕ 1,50 m ↔ 30 cm

C'est un bulbe facile, pour les pelouses et prairies humides. En été, de longs épis de fleurs étoilées, blanches ou bleues, émergent au-dessus des feuilles étroites.

Crocus vernus 'Jeanne d'Arc'
CROCUS
☼ ❄❄❄ ↕ 10 cm ↔ 5 cm

Ravissant et facile, ce crocus à grandes fleurs forme rapidement des touffes dans l'herbe rase. Les fleurs blanches aux étamines orange s'ouvrent au printemps.

AUTRES BULBES À NATURALISER EN SITUATION OMBRAGÉE

Anemone blanda 'Radar'
Arisarum proboscideum
Arum italicum 'Pictum'
Colchicum speciosum
Crocus kotschyanus
Crocus tommasinianus
Cyclamen coum
Cyclamen hederifolium
Cyclamen repandum
Eranthis hyemalis
Erythronium caucasicum
Galanthus elwesii
Hyacinthoides non-scripta
Leucojum aestivum
Lilium pyrenaicum
Narcissus 'Mount Hood'
Narcissus pseudonarcissus
Ornithogalum nutans

Erythronium dens-canis
DENT DE CHIEN
☼ ◐ ❄❄❄ ↕ 20 cm ↔ 10 cm

Au printemps, les exquises fleurs pourpre rosé semblent suspendues au-dessus des rosettes de feuilles charnues, joliment marbrées. Pour pelouses et sous-bois.

Fritillaria meleagris
FRITILLAIRE À DAMIER
☼ ◐ ❄❄❄ ↕ 30 cm ↔ 10 cm

Ce bulbe porte des feuilles étroites, grisâtres. Au printemps sortent les fleurs en clochettes pendantes, à damier, sur de fines tiges. Prospère dans l'herbe humide.

Galanthus nivalis
PERCE-NEIGE COMMUN
◐ ❄❄❄ ↕ 15 cm ↔ 10 cm

Les grosses touffes de cette plante familière des sous-bois sont spectaculaires au début du printemps. Se naturalise vite et tolère le soleil si le sol est humide.

Hyacinthoides hispanica
JACINTHE DES BOIS
☼ ◑ ❄❄❄ ↕ 30 cm ↔ 10 cm

Cette jacinthe porte des feuilles vert brillant et des clochettes pendantes bleues sur des tiges charnues, au printemps. Elle peut être trop vigoureuse pour un petit jardin.

Lilium martagon
LIS MARTAGON
☼ ◑ ❄❄❄ ↕ 1,50 m ↔ 20 cm

C'est un lis facile à naturaliser dans l'herbe. Les tiges hautes portent des feuilles verticillées et des fleurs inclinées, de différentes couleurs, en été.

Narcissus bulbocodium
NARCISSE
☼ ❄❄❄ ↕ 15 cm ↔ 8 cm

Ce ravissant narcisse a des feuilles étroites et de belles fleurs jaunes en entonnoir, au printemps. Il se plaira dans un talus herbeux et humide.

Nectaroscordum siculum
NECTAROSCORDUM
☼ ◑ ❄❄❄ ↕ 1,20 m ↔ 10 cm

En été, les grandes tiges portent des ombelles lâches de clochettes pendantes, vert teinté de pourpre. Les fruits, couleur paille, sont également décoratifs.

Tulipa sylvestris
TULIPE BOTANIQUE
☼ ❄❄❄ ↕ 45 cm ↔ 10 cm

Cette tulipe est facile à naturaliser dans une prairie ou un sous-bois clair. Les fleurs jaunes étoilées s'ouvrent au printemps, mais pas toujours en nombre.

AUTRES BULBES À NATURALISER EN SITUATION ENSOLEILLÉE

Allium flavum
Allium unifolium
Anemone coronaria
Camassia quamash
Chionodoxa luciliae
Colchicum autumnale
Gladiolus communis ssp. *byzantinus*
Gladiolus papilio
Lilium duchartrei
Lilium hansonii
Lilium pardalinum
Narcissus obvallaris
Nectaroscordum siculum ssp. *bulgaricum*
Tulipa kaufmanniana
Zantedeschia aethiopica 'Crowborough'

Vivaces pour jardins de rocaille et d'éboulis

LES PLANTES de rocaille constituent un groupe de vivaces faciles à cultiver et qui produisent le plus souvent de ravissantes petites fleurs. Beaucoup présentent une silhouette tapissante qui en fait d'excellents couvre-sol. D'autres, formant des petites touffes ou des monticules bas, se marient bien avec les bulbes nains, comme les chionodoxas, crocus et scilles.

Aethionema 'Warley Rose'
AÉTHIONÈME
☼ ❄❄❄ ↕↔ 20 cm

Cette vivace forme un monticule de fines tiges garnies de feuilles persistantes étroites, gris bleuté. Fleurs roses en fin de printemps et en début d'été.

Anthyllis montana
ANTHYLLIS
☼ ❄❄❄ ↕ 30 cm ↔ 50 cm

En été, le tapis dense de feuilles gris-vert, très divisées, duveteuses, se couvre de bouquets ronds de fleurs rose à pourpre, à extrémité blanche.

Dianthus 'Pike's Pink'
ŒILLET
☼ ❄❄❄ ↕ 15 cm ↔ 20 cm

En été, des fleurs doubles, rose pâle, plus foncées en bouton, très parfumées, surmontent le coussinet de feuilles persistantes, étroites, gris bleuté.

AUTRES VIVACES POUR JARDINS DE ROCAILLE ET D'ÉBOULIS

- *Anthemis marschalliana*
- *Armeria juniperifolia*
- *Euphorbia myrsinites*
- *Gentiana acaulis*
- *Geranium argenteum*
- *Hypericum olympicum* 'Citrinum'
- *Iris pumila*
- *Linaria alpina*
- *Phlox subulata*
- *Potentilla nitida*

Anemone sylvestris
ANÉMONE SYLVESTRE
☼ ◐ ❄❄❄ ↕↔ 30 cm

Cette plante tapissante a un feuillage très découpé. Fleurs blanches à étamines jaunes, au printemps et en début d'été, suivies de fruits plumeux.

Campanula carpatica 'Chewton Joy'
CAMPANULE DES CARPATES
☼ ◐ ❄❄❄ ↕ 30 cm ↔ 50 cm

Les tiges basses et rampantes portent des feuilles dentées cordiformes, et, en été, apparaissent des fleurs en cloche évasée, bleues à centre plus clair.

Diascia 'Blackthorn Apricot'
DIASCIA
☼ ❄❄ ↕ 25 cm ↔ 50 cm

A choisir parmi les nouvelles variétés, ce superbe diascia porte en été d'abondants et fins épis de fleurs abricot, au-dessus d'un tapis de tiges rampantes.

AUTRES VIVACES POUR JARDINS DE ROCAILLE EN SOL ACIDE

Androsace vandellii
Celmisia ramulosa
Dodecatheon meadia f. *album*
Hedyotis michauxii
Lewisia cotyledon hybrides
Lithodora diffusa 'Heavenly Blue'
Maianthemum canadense
Phlox adsurgens 'Wagon Wheel'
Phlox procumbens 'Millstream'
Potentilla aurea

Gentiana sino-ornata
GENTIANE
PH ↕ 10 cm ↔ 30 cm

C'est une des gentianes à floraison automnale les plus spectaculaires, avec des rameaux étalés à feuilles persistantes et des fleurs en trompette bleu intense.

Gypsophila repens 'Rosa Schönheit'
GYPSOPHILE
↕ 20 cm ↔ 50 cm

Plusieurs semaines durant l'été, de minuscules fleurs roses constellent le tapis de fins rameaux semi-persistants, vert bleuté. Syn. *G.r.* 'Pink Beauty'.

Geranium cinereum 'Ballerina'
GÉRANIUM VIVACE
↕ 15 cm ↔ 30 cm

Cette charmante vivace forme des touffes lâches de petites feuilles vert grisâtre. Fleurs rouge pourpré à centre et veines foncés, en fin de printemps et en été.

Oxalis adenophylla
OXALIS
↕ 10 cm ↔ 15 cm

Les touffes de feuilles gris-vert, profondément divisées, s'ornent au printemps de fleurs à gorge foncée et à pétales rose pourpré, plus clairs vers le centre.

Roscoea cautleoides 'Kew Beauty'
ROSCOÉA
↕ 30 cm ↔ 15 cm

A la fin du printemps, cette vivace produit une petite touffe de tiges dressées et des épis lâches de grandes fleurs jaune pâle qui ressemblent à des orchidées.

Bulbes pour jardins de rocaille et d'éboulis

LES ROCAILLES, massifs surélevés et éboulis sont des endroits parfaits pour cultiver les bulbes nains, mais aussi des plantes bulbeuses plus grandes, comme les eucomis, qui aiment les sols sableux bien drainés et le plein soleil. Les bulbes suivants sont rustiques pour la plupart. Plantez-les en groupes pour obtenir un bel effet. Ils conviennent aussi pour des potées.

Allium narcissiflorum
AIL D'ORNEMENT
☼ ❄❄❄ ↕ 30 cm ↔ 5 cm

Cette espèce forme une petite touffe de feuilles herbacées. Les bouquets de fleurs inclinées, pourpre-rouge ou rose pâle, s'ouvrent en été.

Colchicum kesselringii
COLCHIQUE
☼ ❄❄❄ ↕↔ 3 cm

Idéal pour une poche abritée et bien drainée, ce bulbe produit des fleurs blanches en fin d'hiver et au printemps. Le revers des pétales est strié de pourpre.

Chionodoxa forbesii
CHIONODOXA
☼ ❄❄❄ ↕ 20 cm ↔ 10 cm

Ce bulbe facile forme des petites touffes de feuilles étroites. Au début du printemps, bouquets lâches de charmantes fleurs étoilées, bleues à œil blanc.

Crocus chrysanthus 'E.A. Bowles'
CROCUS
☼ ❄❄❄ ↕ 7 cm ↔ 5 cm

Ce crocus à floraison printanière présente de fines feuilles vertes et des fleurs jaune citron, vert bronze à la base, panachées de pourpre au revers.

Eucomis autumnalis
EUCOMIS
☼ ❄❄ ↕ 30 cm ↔ 20 cm

Les tiges charnues portent des épis floraux denses, verdâtres, en fin d'été et en automne. Larges feuilles rubanées à bord ondulé. A planter dans un coin abrité.

Fritillaria pallidiflora
FRITILLAIRE
☼ ❄❄❄ ↕ 40 cm ↔ 8 cm

A la fin du printemps et au début de l'été, ce joli bulbe porte des fleurs jaune crème inclinées, à l'aisselle de longues feuilles étroites, gris-vert.

AUTRES BULBES POUR JARDINS DE ROCAILLE ET D'ÉBOULIS

Arum creticum
Eucomis bicolor
Iris bucharica
Iris magnifica
Ornithogalum arabicum
Pancratium illyricum
Scilla peruviana
Tulipa kaufmanniana
Tulipa tarda
Urginea maritima

Iris danfordiae
Iris nain
☼ ❄❄❄ ↕ 10 cm ↔ 5 cm

C'est l'un des plus jolis bulbes précoces, avec de minces feuilles quadrangulaires et des fleurs jaunes mouchetées de vert, en fin d'hiver et au début du printemps.

Narcissus minor
Narcisse nain
☼ ❄❄❄ ↕ 12 cm ↔ 8 cm

Ce petit narcisse forme des touffes de feuilles étroites, gris-vert. Ses jolies petites trompettes jaunes émergent au-dessus du feuillage au début du printemps.

Puschkinia scilloides
Puschkinia
☼ ❄❄❄ ↕ 15 cm ↔ 8 cm

Facile et charmante, cette bulbeuse s'étend vite en petites touffes et s'orne au printemps de bouquets de fleurs bleu très pâle à rayures bleu foncé.

Autres bulbes nains pour jardins de rocaille et d'éboulis

Albuca humilis
Allium oreophilum
Anemone blanda 'Radar'
Bulbocodium vernum
Crocus biflorus
Crocus etruscus
Muscari comosum
Narcissus triandrus
Scilla mischtschenkoana
Tecophilae cyanocrocus 'Leichtlinii'

Scilla bifolia
Scille
☼ ❄❄❄ ↕ 15 cm ↔ 5 cm

Facile à cultiver, ce bulbe gagne rapidement du terrain. Il donne deux feuilles étroites, des bouquets de fleurs étoilées, bleu pourpré, au début du printemps.

Tulipa aucheriana
Tulipe botanique
☼ ❄❄❄ ↕ 25 cm ↔ 15 cm

Au printemps apparaissent des fleurs étoilées roses, à centre et étamines jaunes, solitaires, ou par deux ou trois. Jolies feuilles étroites et pruineuses.

Vivaces à glisser dans murets et dallages

DANS LES RÉGIONS montagneuses, les fissures rocheuses sont naturellement colonisées par toute une gamme de vivaces à floraison décorative. Elles sont le plus souvent tapissantes ou forment de petites rosettes. Au jardin, ces plantes sont parfaites pour garnir les interstices d'un muret ou d'un dallage, où elles trouveront de bonnes conditions de drainage.

Convolvulus sabatius
LISERON
☼ ❄❄ ↕ 15 cm ↔ 40 cm

Les tiges rampantes de cette vivace tapissante se couvrent durant plusieurs semaines de fleurs bleu lavande plus ou moins foncé, en été et en automne.

Asarina procumbens
ASARINA
☼ ◐ ❄❄ ↕ 5 cm ↔ 50 cm

Cette plante à feuillage persistant a des tiges rampantes et duveteuses. En été, elle produit des fleurs jaune pâle à l'aisselle de ses feuilles réniformes.

Alyssum saxatile 'Dudley Nevill'
CORBEILLE D'OR
☼ ❄❄❄ ↕ 20 cm ↔ 30 cm

Très appréciée, cette plante à feuillage persistant gris-vert produit des bouquets de minuscules fleurs jaune chamoisé de la fin du printemps au début de l'été.

Aubrieta 'J.S. Baker'
AUBRIÈTE
☼ ❄❄❄ ↕ 5 cm ↔ 60 cm

Faciles et colorées, les aubriètes sont d'excellentes plantes pour garnir les murets et rocailles. Au printemps, celle-ci a des fleurs pourpres à œil blanc.

Campanula carpatica 'Jewel'
CAMPANULE DES CARPATES
☼ ◐ ❄❄❄ ↕ 10 cm ↔ 40 cm

Les petites feuilles cordiformes de cette jolie campanule compacte disparaissent en été sous un amas de fleurs bleu pourpré, en clochettes évasées.

Erigeron karvinskianus
VERGERETTE
☼ ❄❄❄ ↕ 30 cm ↔ 1 m

En été, une multitude de petits capitules blancs, devenant roses, puis pourpres, garnissent les fines tiges ramifiées de cette charmante plante très légère.

AUTRES VIVACES HERBACÉES POUR MURETS ET DALLAGES

Anthemis marschalliana
Erinus alpinus
Erodium chrysanthum
Hypericum cerastioides
Incarvillea arguta
Origanum rotundifolium
Petrorhagia saxifraga
Phyteuma scheuchzeri
Polygonum vacciniifolium
Saponaria × *olivana*

Gypsophila repens 'Dorothy Teacher'
GYPSOPHILE
☼ ❄❄❄ ↕5 cm ↔40 cm

Les fines tiges à petites feuilles étroites semi-persistantes tapissent le sol. Les minuscules fleurs rose pâle s'ouvrent en été et foncent progressivement.

AUTRES VIVACES À FEUILLES PERSISTANTES POUR MURETS ET DALLAGES

Arabis caucasica 'Rosabella'
Corydalis lutea
Dianthus gratianopolitanus
Erigeron glaucus
Euphorbia myrsinites
Lithodora diffusa 'Heavenly Blue'
Onosma alboroseum
Phlox subulata
Ramonda myconi
Sempervivum 'Othello'

Haberlea rhodopensis 'Virginalis'
HABERLÉA
☼ ☼ ❄❄❄ PH ↕15 cm ↔20 cm

Les ombelles lâches de fleurs blanches en entonnoir dominent les rosettes denses de feuilles persistantes, velues et dentées, en fin de printemps et en été.

Helianthemum 'Wisley White'
HÉLIANTHÈME
☼ ❄❄❄ ↕25 cm ↔50 cm

Cette vivace, ou cet arbuste à port étalé, à feuillage persistant gris-vert, porte des fleurs blanc crème à centre jaune de la fin du printemps au milieu de l'été.

Lewisia cotyledon hybride
LEWISIA
☼ ☼ ❄❄❄ PH ↕ ↔25 cm

En fin de printemps et en début d'été, des bouquets lâches de fleurs orange, jaunes ou rose magenta se dressent au-dessus des rosettes de feuilles persistantes.

Saxifraga 'Southside Seedling'
SAXIFRAGE
☼ ☼ ❄❄❄ ↕30 cm ↔20 cm

Les gros bouquets de fleurs blanches tachées de rouge émergeant des rosettes de feuilles persistantes offrent un beau spectacle en fin de printemps et en début d'été.

Verbascum dumulosum
MOLÈNE
☼ ❄❄❄ ↕25 cm ↔40 cm

Cette vivace à base ligneuse, ou ce sous-arbrisseau, a des feuilles persistantes duveteuses, gris-vert. Fleurs jaune vif en fin de printemps et en été.

Vivaces pour bord de l'eau et jardins de marécage

SI VOUS AVEZ LA CHANCE de posséder un jardin disposant d'un plan d'eau ou d'un coin détrempé, vous trouverez ici un grand choix de plantes qui aiment l'humidité. Certaines produisent des fleurs aux coloris superbes, tandis que d'autres sont spectaculaires par leur feuillage.

Iris laevigata
IRIS RHIZOMATEUX
☼ ◐ ❄❄❄ ↕ 80 cm ↔ 20 cm

Ce fameux iris du Japon porte des feuilles dressées et des fleurs solitaires, bleues, blanches ou pourprées, en été. Il pousse dans de l'eau peu profonde.

AUTRES VIVACES À FEUILLAGE DÉCORATIF POUR JARDINS DE MARÉCAGE

- *Astilbe rivularis*
- *Carex elata* 'Aurea'
- *Gunnera manicata*
- *Hosta* 'Big Daddy'
- *Hosta sieboldiana* 'Frances Williams'
- *Houttuynia cordata* 'Chameleon'
- *Iris pseudacorus* 'Variegata'
- *Matteucia struthiopteris*
- *Petasites japonicus* 'Giganteus'

Astilbe 'Purpurlanze'
ASTILBE
☼ ◐ ❄❄❄ ↕ 1,20 m ↔ 90 cm

Cette astilbe à floraison tardive produit de magnifiques panicules plumeuses de fleurs rose pourpré. Feuilles profondément divisées en grosses touffes.

Filipendula palmata 'Rubra'
FILIPENDULE
☼ ❄❄❄ ↕ 1,20 m ↔ 60 cm

Parfois confondue avec *F. rubra*, cette grande vivace produit des touffes de feuilles profondément lobées ou divisées et des plumets rose-rouge en été.

Lysichiton americanus
LYSICHITON
☼ ◐ ❄❄❄ ↕ ↔ 1 m

Cette plante facile à cultiver et à identifier produit de grandes fleurs jaunes au printemps, suivies d'énormes touffes de feuilles en forme de pagaie.

Darmera peltata
syn. *Peltiphyllum peltatum* **DARMERA**
☼ ◐ ❄❄❄ ↕ 1 m ↔ 75 cm

Cette belle vivace à rhizomes traçants forme une touffe massive de feuilles qui prennent de belles teintes d'automne. Inflorescences roses au printemps.

Hosta 'Zounds'
HOSTA
◐ ● ❄❄❄ ↕ 60 cm ↔ 1 m

Relativement délaissée par les limaces, cet hosta forme une grosse touffe de feuilles arrondies, très gaufrées. En été, le feuillage vert pâle devient jaune.

Oenanthe javanica 'Flamingo'
ŒNANTHE
☼ ◑ ❄❄ ↕ 40 cm ↔ 90 cm

Profondément divisées, les feuilles vert et blanc de cette vivace rampante se teintent de rose en automne. Petites inflorescences blanches en fin d'été.

Osmunda regalis
OSMONDE ROYALE
☼ ◑ ❄❄❄ ↕ 1,50 m ↔ 1,20 m

Cette fougère impressionnante forme une touffe de frondes très divisées qui prennent souvent de belles teintes en automne. Épis de spores brun-rouge en été.

Primula prolifera
PRIMEVÈRE CANDÉLABRE
☼ ◑ ❄❄❄ ↕ 60 cm ↔ 15 cm

Au début de l'été, de fines tiges garnies de nombreux verticilles de fleurs jaunes se dressent au-dessus des rosettes basales de feuilles vert foncé.

Rheum palmatum 'Bowles Crimson'
RHUBARBE D'ORNEMENT
☼ ◑ ❄❄❄ ↕ 2,50 m ↔ 2 m

Les grandes feuilles très découpées de cette vivace spectaculaire sont cramoisies quand elles sortent. Immenses panicules de fleurs rouges en début d'été.

Rodgersia pinnata
RODGERSIA
☼ ◑ ❄❄❄ ↕ 1,20 m ↔ 80 cm

Cette superbe plante à fleurs et feuillage décoratifs a des feuilles très divisées, teintées de rouge au printemps et en automne, et des plumets de fleurs blanches en été.

AUTRES VIVACES À FLEURS DÉCORATIVES POUR JARDINS DE MARÉCAGE

Eupatorium purpureum 'Atropurpureum'
Euphorbia palustris
Filipendula purpurea
Iris ensata
Ligularia dentata 'Othello'
Lysichiton camtschatcensis
Lythrum salicaria 'Augenweide'
Mimulus cardinalis
Primula pulverulenta

Zantedeschia aethiopica 'Crowborough'
ARUM D'ÉTHIOPIE
☼ ◑ ❄❄❄ ↕ 1 m ↔ 60 cm

En été, cette vivace élégante développe de grandes feuilles lancéolées et de belles fleurs blanches sur de longues tiges. Se plaît en eau peu profonde.

Vivaces aquatiques

RIEN N'EST PLUS VIVANT et attrayant dans un jardin qu'un étang ou un bassin bien conçu. Les espèces aquatiques attirent une faune variée. Si les grands étangs sont parfaits pour de telles plantations, vous pouvez aussi composer des scènes aquatiques dans un petit jardin, à l'aide de divers bacs. Les profondeurs de plantation ci-dessous indiquent la hauteur d'eau nécessaire ; la taille des plantes est donnée à partir de la surface.

Aponogeton distachyos
APONOGÉTON
☼ ◐ ❄❄ ↕ 10 cm ↔ 1,20 m

Du printemps à l'automne, des épis de fleurs blanches à odeur vanillée émergent au-dessus des feuilles flottantes semi-persistantes. Profondeur : 30 à 60 cm.

Butomus umbellatus
JONC FLEURI
☼ ❄❄❄ ↕ 1,20 m ↔ 45 cm

Cette plante robuste de bord d'étang possède de longues feuilles étroites. De hautes tiges portent des ombelles de fleurs roses en été. Profondeur : 5 à 15 cm.

Houttuynia cordata 'Chameleon'
HOUTTUYNIA
☼ ◐ ❄❄❄ ↕ 20 cm ↔ indéfinie

Cette plante de bordure convient pour une eau peu profonde, jusqu'à 10 cm, ou un sol humide. Feuilles panachées de vert, jaune et rouge, à odeur d'orange.

Nymphaea 'Chromatella'
NÉNUPHAR
☼ ❄❄❄ ↕ 8 cm ↔ 1,50 m

Ce nénuphar facile et vigoureux possède des feuilles flottantes teintées de bronze et, en été, de nombreuses fleurs jaune canari. Profondeur : 45 à 90 cm.

Nymphaea 'Firecrest'
NÉNUPHAR
☼ ❄❄❄ ↕ 8 cm ↔ 1,20 m

Les feuilles rondes, flottantes, de ce nénuphar sont pourprées à l'état jeune. Fleurs roses parfumées en été. Idéal pour un petit étang. Profondeur : 15 à 45 cm.

Nymphaea 'Gladstoniana'
NÉNUPHAR
☼ ❄❄❄ ↕ 8 cm ↔ 2,50 m

Ce vigoureux nénuphar à fleurs blanches étoilées, en été, a des feuilles flottantes arrondies à bord ondulé, bronze quand elles sortent. Profondeur : 45 à 90 cm.

Nymphoides peltata
FAUX NÉNUPHAR
☼ ❄❄❄ ↕ 8 cm ↔ indéfinie

Idéale pour un grand étang, cette plante à développement rapide possède des feuilles flottantes arrondies et des fleurs jaunes en été. Profondeur : 30 à 60 cm.

Orontium aquaticum
ORONTIUM
☼ ❄❄❄ ↕30 cm ↔60 cm

Cette vigoureuse plante de bord d'eau a des feuilles oblongues, vert bleuté. Des spadices à fleurs jaunes apparaissent de l'été à l'automne. Profondeur : 30 à 40 cm.

Pontederia cordata
PONTÉDÉRIE À FEUILLES EN CŒUR
☼ ❄❄ ↕70 cm ↔60 cm

En fin d'été, des épis denses de fleurs bleues émergent au travers des feuilles dressées et brillantes de cette plante de bord d'eau. Profondeur : 10 à 20 cm.

Sagittaria latifolia
SAGITTAIRE
☼ ❄❄❄ ↕↔90 cm

Cette plante de marécage, tubéreuse, à fines tiges triangulaires et feuilles sagittées longuement pétiolées, porte des verticilles de fleurs blanches en été. Profondeur : 5 à 15 cm.

Stratiotes aloides
STRATIOTES
☼ ❄❄❄ ↕15 cm ↔20 cm

Les feuilles à bord épineux, en rosettes, émergent de la surface de l'eau en été, en même temps que les fleurs blanches à trois pétales. Profondeur : 30 à 90 cm.

AUTRES VIVACES AQUATIQUES

Acorus gramineus
Alisma plantago-aquatica
Calla palustris
Cyperus eragrostis
Hippuris vulgaris
Hottonia palustris
Hydrocharis morsus-ranae
Iris laevigata
Menyanthes trifoliata
Mimulus ringens
Myriophyllum verticillatum
Nuphar lutea
Nymphaea 'Escarboucle'
Nymphaea 'Gonnère'
Nymphaea 'James Brydon'
Ranunculus aquatilis
Utricularia vulgaris
Zantedeschia aethiopica 'Crowborough'

Typha minima
MASSETTE
☼ ❄❄❄ ↕70 cm ↔40 cm

Ressemblant à un jonc, cette plante de berge porte en été des inflorescences brunes, qui donnent des fructifications plumeuses en hiver. Profondeur : 5 à 10 cm.

Vivaces pour pots et bacs en situation ensoleillée

L'UN DES PRINCIPAUX INTÉRÊTS de la culture en pots réside dans la possibilité de les déplacer très facilement dans le jardin ou autour de la terrasse. Vous pouvez aussi y installer des plantes non rustiques, que vous mettrez dehors durant tout l'été et que vous rentrerez à l'intérieur pendant la saison froide.

Osteospermum 'Silver Sparkler'
OSTÉOSPERMUM
☼ ❄ ↕ 60 cm ↔ 50 cm

Cette plante buissonnante a des feuilles à bord blanc crème. Des tiges sombres portent les fleurs blanches de marguerite, rosées en dessous, de l'été à l'automne.

Agapanthus 'Loch Hope'
AGAPANTHE
☼ ❄❄❄ ↕ 1,20 m ↔ 60 cm

Ce grand agapanthe rustique se plaît dans les régions au climat doux. De la fin de l'été à l'automne, ombelles lâches de fleurs bleu foncé en forme de trompette.

Canna 'Assaut'
BALISIER
☼ ❄ ↕ 1,50 m ↔ 50 cm

Cette remarquable vivace possède de grandes feuilles brun-pourpre et de solides tiges dressées garnies de fleurs orangé écarlate, en été et en automne.

AUTRES VIVACES POUR POTS ET BACS EN SITUATION ENSOLEILLÉE

- *Agapanthus campanulatus* 'Albovittatus'
- *Argyranthemum* 'Vancouver'
- *Begonia sutherlandii*
- *Bidens ferulifolia*
- *Francoa sonchifolia*
- *Hedychium gardnerianum*
- *Lotus berthelotii*
- *Rehmannia elata*
- *Salvia gesneriiflora*
- *Sedum sieboldii* 'Mediovariegatum'

Argyranthemum 'Jamaica Primrose'
ANTHÉMIS
☼ ❄ ↕↔ 1 m

Cette vivace buissonnante à tiges fines et feuilles gris-vert finement découpées porte de nombreux capitules jaune clair, sur de longs pétioles, du printemps à l'automne.

Eucomis bicolor
EUCOMIS
☼ ❄❄ ↕ 50 cm ↔ 40 cm

Les curieuses grappes de fleurs vert pâle à bord pourpre, surmontées d'une touffe de bractées, comme les ananas, émergent des feuilles rubanées en fin d'été.

Verbena × *hybrida* 'Peaches and Cream'
VERVEINE
☼ ❄ ↕ 40 cm ↔ 50 cm

En été, la touffe de feuilles dentées et rugueuses, vert foncé, se couvre de bouquets arrondis de fleurs saumonées virant ensuite au jaune abricot, puis au crème.

Vivaces pour pots et bacs à l'ombre

TERRASSES OMBRAGÉES, cours citadines et endroits ne recevant pas ou peu le soleil sont des emplacements difficiles pour les plantes et imposent souvent la culture en pots. Les vivaces à feuillage décoratif sont particulièrement utiles à l'ombre. Certaines offrent une floraison intéressante, et toutes font bel effet en sujet isolé ou groupées dans un bac.

AUTRES VIVACES POUR POTS ET BACS À L'OMBRE

Bergenia cordifolia 'Purpurea'
Dryopteris erythrosora
Hakonechloa macra 'Aureola'
Helleborus argutifolius
Heuchera brizoides 'Pluie de Feu'
Hosta 'Zounds'
Lilium longiflorum
Saxifraga fortunei 'Rubrifolia'
Tolmiea menziesii 'Taff's Gold'

Aspidistra elatior
ASPIDISTRA, PLANTE EN FER FORGÉ
☼ ☀ ❄❄ ↕↔ 60 cm

Plus connu comme plante d'intérieur depuis le siècle dernier, l'aspidistra se plaît à l'ombre. Il a un beau feuillage sain, lustré, vert sombre, en lanières larges.

Hosta 'Sum and Substance'
HOSTA
☼ ☀ ❄❄❄ ↕ 75 cm ↔ 90 cm

C'est l'un des meilleurs hostas pour éclairer un coin d'ombre, à touffes de feuilles en cœur, jaune-vert à jaune clair. Il porte en été des inflorescences mauve pâle.

Matteucia struthiopteris
FOUGÈRE PLUME D'AUTRUCHE
☼ ❄❄❄ ↕ 1,20 m ↔ 50 cm

C'est une fougère au feuillage élégant, dont les grandes frondes pennées vertes entourent en fin d'été les frondes fertiles brunes portant les spores. Terreau humide.

Corydalis flexuosa 'China Blue'
CORYDALE FLEXUEUSE
☼ ❄❄❄ ↕ 25 cm ↔ 20 cm

Elle est à cultiver pour son beau feuillage découpé, vert frais, persistant en hiver et disparaissant en début d'été. Grappes de fleurs tubulées bleu vif au printemps.

Liriope muscari
LIRIOPE
☼ ☀ ❄❄❄ ↕ 30 cm ↔ 45 cm

Les touffes denses de feuilles en lanières vert foncé s'agrémentent en automne d'épis denses, raides, de fleurs violacées. Bonne plante couvre-sol également.

Rodgersia pinnata 'Superba'
RODGERSIA
☀ ☼ ☀ ❄❄❄ ↕ 1,20 m ↔ 75 cm

Cette vivace robuste présente le double attrait de grandes feuilles gaufrées, palmées, bronze pourpré à l'état jeune, et de plumets rose vif en été.

Vivaces grimpantes

LA PLUPART DES VIVACES grimpantes cultivées au jardin ont des tiges ligneuses, qui persistent donc en hiver. Il existe cependant nombre de plantes vivaces herbacées à tiges volubiles, idéales pour habiller murs, clôtures ou treillages, ou encore pour grimper dans des arbres ou des arbustes. Outre le fait qu'elles ont des fleurs et feuillages extrêmement décoratifs, certaines se parent de jolis fruits ou prennent de belles teintes automnales.

AUTRES VIVACES GRIMPANTES

Aconitum hemsleyanum (syn. *Aconitum volubile*)
Clematis × *eriostemon*
Clematis × *jouiniana* 'Praecox'
Clematis 'Mrs Robert Brydon'
Clematis tangutica
Lathyrus latifolius
Lathyrus rotundifolius
Tropaeolum ciliatum
Tropaeolum tuberosum
Tropaeolum tuberosum var. *lineamaculatum* 'Ken Aslet'

Clematis × *durandii*
CLÉMATITE
☼ ❄❄ ↕2 m ↔1 m

Elle est parfaite comme couvre-sol ou pour grimper dans un buisson. Ses tiges grêles portent en été des fleurs simples à étamines jaune crème et pétales indigo.

Lathyrus grandiflorus
GESSE À GRANDE FLEUR
☼ ◐ ❄❄❄ ↕↔1,50 m

Ce pois vivace pour jardin champêtre, à nombreuses tiges fines, rampantes, couvre bien le sol ou le support. Bouquets de fleurs roses, rouges ou pourpres en été.

Humulus lupulus 'Aureus'
HOUBLON DORÉ
☼ ◐ ❄❄❄ ↕↔6 m

Les tiges volubiles de cette plante grimpante vigoureuse couvrent rapidement leur support de feuilles dorées. Bouquets de fruits jaune verdâtre en automne.

Lathyrus latifolius 'Albus'
POIS VIVACE
☼ ◐ ❄❄❄ ↕↔2 m

C'est une vivace grimpante et robuste, de culture facile, idéale pour habiller un mur ou une haie, couvrir un talus raide. Fleurs blanches en été et en automne.

Tropaeolum speciosum
CAPUCINE ÉCARLATE
☼ ◐ ❄❄ PH ↕↔3 m

Les fleurs rouge feu à long éperon sont très spectaculaires en été et en automne, et sont suivies de fruits bleutés à collerette rouge. A planter en sol humide et frais.

Vivaces pour feuillages à couper

LES FEUILLAGES sont aussi décoratifs que les fleurs, au jardin ou dans les bouquets de la maison. De nombreuses vivaces offrent de belles feuilles à couper selon les besoins durant toute la saison de croissance. Éclairez les fleurs de feuillage vert, argenté ou doré, ou composez de superbes bouquets de feuillages contrastants.

Paeonia 'Edulis Superba'
PIVOINE HERBACÉE
☼ ◐ ❄❄❄ ↕↔ 90 cm

Les pivoines herbacées ont de belles feuilles vert soutenu à pétiole rouge ou pourpré. Celle-ci offre aussi des fleurs doubles, roses, superbes en bouquets.

Hosta 'Hadspen Blue'
HOSTA
◐ ● ❄❄❄ ↕ 25 cm ↔ 60 cm

Le feuillage des hostas est précieux pour les bouquets, en particulier les variétés à feuilles gris bleuté. Celle-ci a de grandes feuilles cordiformes.

AUTRES VIVACES À FEUILLAGE DÉCORATIF POUR BOUQUETS

Arum italicum 'Marmoratum'
Astilbe 'Fanal'
Bergenia cordifolia 'Purpurea'
Hakonechloa macra 'Aureola'
Hosta 'Shade Fanfare'
Hosta 'Zounds'
Phormium tenax
Polygonatum multiflorum 'Variegatum'
Polystichum munitum
Rodgersia pinnata

Hosta 'Green Fountain'
HOSTA
◐ ● ❄❄❄ ↕ 45 cm ↔ 1 m

Les feuilles lustrées, arquées, lancéolées, à bord ondulé forment une touffe large et se prêtent bien à la cueillette. Floraison mauve en été sur de longues hampes.

Iris pallida 'Argentea Variegata'
IRIS DE FLORENCE
☼ ◐ ❄❄❄ ↕ 80 cm ↔ 60 cm

Cette vivace à feuillage panaché remarquable, à feuilles rubanées bordées de crème persistant jusqu'en automne, offre en outre une floraison parfumée en début d'été.

Polygonatum falcatum 'Variegatum'
SCEAU DE SALOMON
☼ ◐ ❄❄❄ ↕ 60 cm ↔ 30 cm

Cette charmante plante forme peu à peu une touffe de tiges arquées rougeâtres, aux feuilles vertes bordées de crème. Fleurs en clochette pendantes, au printemps.

Vivaces pour fleurs coupées

LES PLANTES VIVACES permettent la culture de nombreuses fleurs à couper pour faire des bouquets. De préférence, prélevez des fleurs sur des touffes déjà bien développées et veillez à ce que la plante garde bel aspect après la cueillette. Si certaines plantes, comme les asters, sont depuis longtemps déjà appréciées des fleuristes, bien d'autres restent encore à découvrir. Laissez tremper les fleurs une nuit dans l'eau avant de composer vos bouquets.

Astilbe 'Professor Van der Wielen'
ASTILBE
☼ ◐ ❄❄❄ ↕ 1,20 m ↔ 1 m

Cette grande astilbe très décorative est à planter en sol frais et humide. Le feuillage joliment découpé est dominé en été par de grands plumets légers, blanc crème.

Aquilegia Hybrides McKana
ANCOLIE
☼ ◐ ❄❄❄ ↕ 75 cm ↔ 60 cm

Ces vivaces élégantes, mais assez éphémères, portent du printemps à la mi-été leurs grandes fleurs éperonnées dans les tons de bleu, jaune et rouge.

Catananche caerulea
CATANANCHE BLEUE
☼ ❄❄❄ ↕ 80 cm ↔ 30 cm

Les touffes de tiges dressées, filiformes, sont couronnées en été de petits boutons floraux blancs s'ouvrant en fleurs bleu violacé, qui se prêtent bien au séchage.

AUTRES VIVACES À FLORAISON PRINTANIÈRE POUR BOUQUETS

Bergenia 'Beethoven'
Convallaria majalis
Doronicum plantagineum 'Harpur Crewe'
Galanthus elwesii
Narcissus 'Actaea'
Narcissus 'Mount Hood'
Polygonatum × *hybridum*
Primula vulgaris
Tulipa 'Purissima'
Viola odorata

Aster × *frikartii* 'Wunder von Stäfa'
ASTER
☼ ❄❄❄ ↕ 70 cm ↔ 40 cm

C'est un bel aster de fin d'été et d'automne, se couvrant d'une multitude de fleurs bleues à cœur orangé, très durables. Soutenez ses longues tiges si nécessaire.

Gaillardia 'Kobold'
GAILLARDE
☼ ❄❄❄ ↕ 30 cm ↔ 45 cm

Cette plante buissonnante à feuillage duveteux est assez éphémère, mais offre tout l'été et jusqu'en automne ses grandes fleurs rouges à collerette jaune.

Iris unguicularis 'Mary Barnard'
IRIS
☼ ❄❄❄ ↕30 cm ↔60 cm

Les fleurs solitaires, parfumées, de ce petit iris qui aime la chaleur se succèdent en fin d'hiver et au début du printemps. Cueillez-les encore en bouton.

Chrysanthemum maximum 'Cobham Gold'
☼ ◐ ❄❄❄ ↕60 cm ↔20 cm

Une ravissante variété de la grande marguerite, excellente fleur à couper. Celle-ci forme de belles touffes aux fleurs blanches, doubles, en été et en début d'automne.

Liatris spicata 'Kobold'
LIATRIDE
☼ ❄❄❄ ↕50 cm ↔45 cm

C'est une vivace très décorative, pour sol humide, mais bien drainé. Touffe de feuilles fines, rubanées, et épis floraux denses, pourpres, en fin d'été et en automne.

Lilium 'African Queen'
LIS TROMPETTE
☼ ◐ ❄❄ ↕1,50 m ↔30 cm

La plupart des lis font de superbes fleurs coupées, et celui-ci ne fait pas exception : longues tiges, fines feuilles, ombelles terminales de fleurs parfumées.

AUTRES VIVACES À FLORAISON ESTIVALE POUR BOUQUETS

Achillea 'Coronation Gold'
Agapanthus 'Blue Giant'
Alstroemeria Hybrides Ligtu
Crocosmia masoniorum
Dianthus 'Doris'
Echinacea purpurea
Gypsophila paniculata 'Bristol Fairy'
Paeonia 'Sarah Bernhardt'
Platycodon grandiflorus

Paeonia officinalis 'Crimson Globe'
PIVOINE OFFICINALE
☼ ❄❄❄ ↕85 cm ↔90 cm

Cette pivoine herbacée forme de larges touffes aux belles feuilles découpées, vert profond. Grandes fleurs simples, rouge grenat, à étamines jaune d'or.

Schizostylis coccinea 'Viscountess Byng'
LIS DES CAFRES
☼ ❄❄❄ ↕60 cm ↔30 cm

Cette vivace est précieuse pour sa floraison d'automne. Touffes vigoureuses de fines feuilles rubanées, avec des épis lâches de fines fleurs étoilées rose pâle.

Solidago 'Laurin'
VERGE D'OR
☼ ❄❄❄ ↕75 cm ↔45 cm

Voici une variété compacte de cette vivace classique des jardins de campagne, portant en fin d'été des inflorescences ramifiées jaune vif sur des tiges au feuillage dense.

Vivaces à fructification hivernale décorative

LA PLUPART DES JARDINIERS savent aujourd'hui qu'un excès de zèle pour nettoyer le jardin à l'approche de l'hiver peut les priver d'effets décoratifs remarquables. Les vivaces dont les inflorescences sèches persistent longtemps sur le pied sont précieuses en hiver, surtout lorsqu'elles sont délicatement soulignées par la neige ou le givre.

Achillea filipendulina
ACHILLÉE
☼ ❄❄❄ ↕ 1,20 m ↔ 45 cm

Les « têtes » plates de cette vivace formant de larges touffes aux tiges raides sont magnifiques saupoudrées de neige ou de givre. Floraison jaune en été.

Chasmanthium latifolium
CHASMANTHIUM
☼ ◐ ❄❄❄ ↕ 1 m ↔ 60 cm

Cette graminée remarquable forme des touffes lâches couronnées de bouquets souples d'épillets aplatis, verts ou rosés, virant au brun pâle en hiver.

Echinops ritro
BOULE BLEUE
☼ ◐ ❄❄❄ ↕ 60 cm ↔ 45 cm

Les inflorescences globuleuses, hérissées, de cette vivace facile à vivre sont méconnaissables couvertes de givre. Floraison bleu violacé en fin de printemps.

Gypsophila paniculata 'Compacta Plena'
GYPSOPHILE
☼ ❄❄❄ ↕ 30 cm ↔ 60 cm

C'est une variété naine, compacte, d'une vivace bien connue. Les minuscules fleurs doubles blanc rosé semblent se transformer en touffes de lichen sous le givre.

Miscanthus sinensis 'Kleine Fontäne'
EULALIE
☼ ❄❄❄ ↕ 1,50 m ↔ 1,20 m

Les touffes majestueuses de tiges dressées aux feuilles étroites sont couronnées de bouquets d'épillets qui deviennent plumeux et virent du beige au blanc en hiver.

AUTRES VIVACES À FRUCTIFICATION DÉCORATIVE D'HIVER

Astilbe chinensis 'Superba'
Cimicifuga simplex
Eupatorium purpureum 'Atropurpureum'
Filipendula rubra 'Venusta'
Iris sibirica
Monarda 'Cambridge Scarlet'
Panicum virgatum
Sedum spectabile

Monarda 'Beauty of Cobham'
MONARDE
☼ ◐ ❄❄❄ ↕ 90 cm ↔ 45 cm

Cette plante ravissante porte, en fin d'été et en automne, des bouquets denses de fleurs roses à bractées pourpres, virant au brun en hiver.

Phlomis tuberosa
PHLOMIS
☼ ❄❄❄ ↕ 1,50 m ↔ 90 cm

Les hautes tiges dépourvues de feuilles portent tout l'hiver leurs inflorescences séchées brunes, restes des fleurs estivales rose-mauve à calice rougeâtre.

Stipa tenuissima
STIPA
☼ ❄❄❄ ↕↔ 60 cm

Cette graminée en touffes denses, aux tiges d'abord dressées puis arquées, porte de longues inflorescences aux épillets plumeux blanc-vert, chamoisés en hiver.

Phlox 'Lichtspel'
PHLOX VIVACE
☼ ❄❄❄ ↕ 1,20 m ↔ 60 cm

Les tiges feuillues, dressées, de ce phlox portent en été des panicules rose-mauve. Ces inflorescences se colorent de brun clair chaud durant l'hiver.

Rhaponticum cynarioides
RHAPONTIC
☼ ❄❄❄ ↕ 75 cm ↔ 30 cm

Les tiges dressées issues d'une rosette de feuilles lobées portent en été de grosses inflorescences roses, qui virent ensuite au brun et persistent tout l'hiver.

Veronicastrum virginicum
VERONICASTRUM
☼ ☀ ❄❄❄ ↕ 2 m ↔ 45 cm

Les épis effilés bleu pourpré couronnent en été et en automne les tiges dressées aux feuilles verticillées. Les épis s'allongent et virent au brun en hiver.

Vivaces attirant abeilles et papillons

LES PAPILLONS COLORÉS sont toujours les bienvenus dans un jardin, mais bien d'autres insectes y sont également très bénéfiques. Il y a bien sûr les abeilles, indispensables pour la pollinisation, mais aussi les bombyles, dont les larves se nourrissent de pucerons et constituent de véritables prédateurs de ces parasites. Tous sont attirés par les vivaces suivantes.

AUTRES VIVACES ATTIRANT ABEILLES ET PAPILLONS

Achillea 'Moonshine'
Allium 'Globemaster'
Asclepias incarnata
Aster amellus 'Veilchenkönigin'
Centranthus ruber
Eryngium × tripartitum
Eupatorium purpureum 'Atropurpureum'
Monarda 'Croftway Pink'

Allium 'Purple Sensation'
AIL D'ORNEMENT
☼ ❄❄❄ ↕90 cm ↔10 cm

Si tous les aulx d'ornement attirent les insectes, celui-ci est très impressionnant, avec ses inflorescences globuleuses aux fleurs étoilées violet foncé.

Centaurea 'Pulchra Major'
CENTAURÉE
☼ ❄❄❄ ↕1,20 m ↔60 cm

C'est une grande vivace au beau feuillage gris argenté, dont les tiges ramifiées portent, en été, des inflorescences roses entourées de bractées écailleuses argentées.

Calamintha nepeta 'White Cloud'
CALAMENT
☼ ◑ ❄❄❄ ↕45 cm ↔75 cm

Les abeilles apprécient tout particulièrement les petites fleurs blanc pur qui se succèdent tout l'été sur ces touffes basses de feuillage aromatique.

Cephalaria gigantea
CÉPHALAIRE
☼ ◑ ❄❄❄ ↕2,50 m ↔90 cm

Cette scabieuse géante est une favorite des abeilles, avec ses feuilles lobées et ses grandes tiges ramifiées portant, en été, des inflorescences jaune clair.

Doronicum pardalianches
DORONIC
◑ ❄❄❄ ↕90 cm ↔1,20 m

Cette vivace à port rampant finit par couvrir une belle surface, avec ses feuilles duveteuses cordiformes. Ses fleurs jaunes se succèdent du printemps à l'été.

Echinops ritro 'Veitch's Blue'
BOULE BLEUE
☼ ◐ ❄❄❄ ↕ 1,20 m ↔ 75 cm

Durant l'été, ses inflorescences hérissées bleues, globuleuses, sont très appréciées… des enfants et des abeilles. Feuilles dentées, épineuses, très découpées.

Inula hookeri
INULA
☼ ❄❄❄ ↕↔ 90 cm

C'est l'une des meilleures plantes pour attirer les abeilles au jardin. Les tiges aux feuilles duveteuses portent en été et en automne de grandes marguerites jaunes.

Lavandula stoechas
LAVANDE PAPILLON
☼ ❄❄❄ ↕↔ 60 cm

Le port buissonnant, compact, de cette plante aromatique à feuillage persistant étroit, gris-vert, est surmonté de longs épis de fleurs pourprées en fin de printemps et en été.

Melittis melissophyllum
MÉLISSE SAUVAGE
☼ ◐ ❄❄❄ ↕↔ 30 cm

Les tiges quadrangulaires portent des feuilles duveteuses. Les fleurs blanc à rose, à lèvre pourpre, au printemps et en début d'été, sont visitées par les abeilles.

Salvia pratensis var. *haematodes*
SAUGE DES PRÉS
☼ ◐ ❄❄❄ ↕ 90 cm ↔ 30 cm

C'est une sauge assez éphémère, mais qui se ressème, portant en été de grands bouquets de fleurs bleu-violet au-dessus de grandes feuilles aromatiques vertes.

Sedum 'Herbstfreude'
ORPIN
☼ ❄❄❄ ↕↔ 60 cm

Sa floraison d'automne, d'abord rose foncé, puis virant au rouge cuivré, est très appréciée des abeilles et papillons. Feuilles charnues gris bleuté.

Solidago 'Goldenmosa'
VERGE D'OR
☼ ❄❄❄ ↕ 1 m ↔ 60 cm

Cette vivace compacte et buissonnante aux tiges dressées, feuillues, et aux inflorescences coniques jaune vif, en fin d'été et en automne, est parfaite pour un petit jardin.

Vivaces supportant la pollution atmosphérique

QUELLE QUE SOIT son origine, la pollution de l'air peut avoir un effet extrêmement néfaste sur les plantes, voire entraîner leur dépérissement en cas d'exposition prolongée. C'est heureusement relativement rare, et les plantes présentées ici supportent généralement assez bien la pollution d'origine industrielle ou du bord des routes.

Chrysanthemum maximum 'Esther Read'

☼ ❄❄❄ ↕↔ 60 cm

Les grandes fleurs doubles, blanc pur, de cette grande marguerite se prêtent bien aux bouquets. Ses tiges feuillues forment de larges touffes.

Achillea ptarmica 'La Perle'
BOUTON D'ARGENT

☼ ❄❄❄ ↕ 75 cm ↔ 60 cm

C'est une vivace robuste qui a fait ses preuves, à fines feuilles dentées, aromatiques, et bouquets denses de petites fleurs blanches en été.

Geranium pratense 'Plenum Caeruleum'

☼ ◑ ❄❄❄ ↕ 90 cm ↔ 60 cm

Toutes les variétés de géraniums des prés conviennent. Celle-ci, particulièrement robuste, offre durant l'été ses jolies petites fleurs doubles bleu lavande.

Lupinus 'Mon Château'
LUPIN

☼ ❄❄❄ ↕ 90 cm ↔ 75 cm

Les touffes de tiges dressées, aux feuilles digitées, sont couronnées en été de longs épis de fleurs papilionacées rose vif. A protéger des escargots et limaces.

Aster novae-angliae 'Andenken an Alma Pötschke'

☼ ◑ ❄❄❄ ↕ 1,20 m ↔ 60 cm

Souvent appelé simplement 'Alma Pötschke', cet aster aux touffes vigoureuses illumine le début de l'automne de ses fleurs rose brillant nuancées de saumon.

Geum 'Lady Stratheden'
BENOÎTE

☼ ◑ ❄❄❄ ↕↔ 60 cm

C'est une variété ancienne contrastant avec *G.* 'Mrs Bradshaw', écarlate ; bouquets lâches de fleurs estivales jaune vif. Feuillage vert tendre, découpé.

AUTRES VIVACES SUPPORTANT LA POLLUTION ATMOSPHÉRIQUE

Anaphalis margaritacea var. *yedoensis*
Anemone hupehensis 'September Charm'
Dicentra 'Luxuriant'
Geranium × *magnificum*
Liatris spicata
Lupinus 'La Châtelaine'
Lychnis chalcedonica
Sidalcea candida
Solidago 'Laurin'

Lupinus 'La Demoiselle'
LUPIN
☼ ❄❄❄ ↕ 90 cm ↔ 75 cm

Ce ravissant lupin porte des épis effilés de fleurs blanc crème en été, dominant nettement le feuillage divisé. A protéger des limaces, comme tous les lupins.

Malva moschata
MAUVE MUSQUÉE
☼ ❄❄❄ ↕ 90 cm ↔ 60 cm

C'est une vivace de culture facile, en touffes de feuillage aromatique finement divisé, portant à partir de la mi-été des bouquets de fleurs rose pâle.

AUTRES VIVACES SUPPORTANT LA POLLUTION ATMOSPHÉRIQUE

Acanthus mollis
Artemisia ludoviciana 'Silver Queen'
Bergenia cordifolia 'Purpurea'
Crambe cordifolia
Cynara cardunculus
Lamium galeobdolon 'Florentinum'
Macleaya × *cordata* 'Flamingo'
Myrrhis odorata

Pentaglottis sempervirens
PENTAGLOTTIS
☼ ☀ ❄❄❄ ↕ 90 cm ↔ 60 cm

Les touffes robustes de feuilles persistantes duveteuses sont agrémentées, au printemps, de tiges dressées à petites fleurs bleu vif. Parfaite au pied des haies.

Potentilla 'Gibson's Scarlet'
POTENTILLE
☼ ❄❄❄ ↕ 45 cm ↔ 60 cm

Cette potentille est fréquente dans les massifs. Sa floraison écarlate estivale domine les touffes de feuilles profondément découpées, à long pétiole.

Solidago 'Golden Wings'
VERGE D'OR
☼ ❄❄❄ ↕ 1,80 m ↔ 90 cm

Les tiges feuillues dressées sont couronnées, en fin d'été et en automne, d'inflorescences ramifiées jaune vif tout à fait caractéristiques. Vivace très robuste.

Veronica spicata 'Rotfuchs'
VÉRONIQUE EN ÉPIS
☼ ❄❄❄ ↕↔ 30 cm

Des épis dressés, effilés, de jolies fleurs rose vif dominent en été les touffes basses de feuilles finement dentées ressemblant à celles du saule.

Vivaces pour le bord de mer

L'EXPOSITION AUX VENTS VIOLENTS, aux embruns salés, au soleil, est caractéristique du climat de bord de mer. Le sol y étant souvent sableux, ou du moins très drainant, les plantes doivent y être robustes et bien adaptées. Un nombre étonnant d'espèces vivaces se révèlent capables de prospérer dans de telles conditions.

Allium giganteum
AIL D'ORNEMENT
☼ ❄❄❄ ↕ 1,50 m ↔ 15 cm

Les inflorescences globuleuses de fleurs étoilées rose violacé surmontent de longues hampes en début d'été. Les deux feuilles basales rubanées sèchent avant la floraison.

Centaurea hypoleuca 'John Coutts'
CENTAURÉE
☼ ❄❄❄ ↕ 60 cm ↔ 45 cm

Les tiges dressées portent en été de grandes fleurs de bleuet rose vif, parfumées, très durables, au-dessus de feuilles lobées, à bord ondulé, blanc grisâtre en dessous.

Cichorium intybus 'Roseum'
CHICORÉE SAUVAGE
☼ ❄❄❄ ↕ 1,20 m ↔ 60 cm

Cette vivace à racine pivotante a des feuilles irrégulièrement lobées et dentées. Elle porte en été des épis de fleurs roses sur des tiges ramifiées.

Erigeron 'Charity'
VERGERETTE
☼ ◐ ❄❄❄ ↕ 60 cm ↔ 45 cm

Les touffes de tiges denses portent en été des fleurs solitaires ou en bouquets, en marguerites roses à cœur jaune, très visitées par les abeilles.

Euphorbia nicaeensis
EUPHORBE
☼ ❄❄❄ ↕ 80 cm ↔ 45 cm

Cette belle euphorbe à feuillage persistant est appréciée pour ses tiges vert rougeâtre et ses feuilles bleutées. Inflorescences jaune-vert en fin de printemps et en été.

Geranium sanguineum 'Max Frei'
GÉRANIUM SANGUIN
☼ ❄❄❄ ↕ 20 cm ↔ 30 cm

Le feuillage persistant, profondément découpé, forme des coussinets bien nets, et prend en automne des teintes rouges. Nombreuses fleurs magenta tout l'été.

Glaucium flavum
PAVOT CORNU
☼ ❄❄❄ ↕ 60 cm ↔ 45 cm

Souvent présent sur sol sableux, ce pavot a des tiges et feuilles pruineuses, bleutées, et en été des fleurs jaunes suivies de fruits étroits, recourbés.

Kniphofia 'Atlanta'
TISON DE SATAN
☼ ☀ ❄❄❄ ↕ 1,20 m ↔ 75 cm

Les touffes de feuilles persistantes en lanières gris-vert sont dominées, en fin de printemps et en été, par de longues inflorescences caractéristiques rouge orangé et jaune.

AUTRES VIVACES POUR LE BORD DE MER

Anthemis punctata ssp. *cupaniana*
Centranthus ruber
Chrysanthemum nipponicum
Crambe cordifolia
Dierama pulcherrimum
Erigeron glaucus
Helichrysum italicum
Hertia cheirifolia
Senecio cineraria 'Candicans'
Yucca filamentosa

Papaver orientale 'Cedric Morris'
PAVOT D'ORIENT
☼ ❄❄❄ ↕↔ 90 cm

C'est une merveilleuse variété de pavot formant de larges touffes de feuillage gris duveteux, aux grandes fleurs rose doux, ondulées, en fin de printemps et en été.

Pennisetum alopecuroides 'Hameln'
PENNISETUM
☼ ❄❄ ↕ 1 m ↔ 1,40 m

Les goupillons soyeux, blanc verdâtre en été, virent ensuite au brun doré. Ils sont portés par de longues tiges arquées dépassant les feuilles très fines.

Platycodon grandiflorus
PLATYCODON
☼ ☀ ❄❄❄ ↕ 60 cm ↔ 30 cm

Les boutons renflés comme des ballons s'ouvrent en fin d'été en grandes fleurs campanulées bleu pourpré, à l'extrémité des tiges dressées, ramifiées.

Senecio cineraria 'Silver Dust'
CINÉRAIRE MARITIME
☼ ❄❄❄ ↕↔ 30 cm

Un feutrage gris argenté recouvre les feuilles très découpées et les tiges de cette plante, à feuillage persistant et souche ligneuse. Petites fleurs moutarde en été.

Vivaces pour situation froide et venteuse

LES PLANTES DE JARDIN soumises à des vents forts ou persistants, surtout en région froide, peuvent en souffrir et voir leur croissance nettement ralentie. Il existe heureusement toute une palette de vivaces rustiques qui supportent ces difficiles conditions de culture, notamment si elles reçoivent une protection efficace contre le vent.

AUTRES VIVACES POUR SITUATION FROIDE ET VENTEUSE

Achillea ptarmica 'Boule de Neige'
Alchemilla mollis
Astilbe chinensis var. *pumila*
Cynoglossum nervosum
Geranium himalayense 'Gravetye'
Primula denticulata
Pulmonaria saccharata 'Mrs Moon'
Senecio tanguticus
Veronica gentianoides

Alchemilla conjuncta
ALCHÉMILLE
☼ ◐ ❄❄❄ ↕10 cm ↔50 cm

C'est une robuste vivace à port rampant, faisant un excellent couvre-sol, avec ses jolies feuilles digitées, argentées en dessous. Floraison jaune verdâtre en été.

Astrantia major 'Hadspen Blood'
GRANDE ASTRANCE
☼ ◐ ❄❄❄ ↕45 cm ↔60 cm

Outre l'aspect décoratif de feuilles à long pétiole, profondément lobées et dentées, cette astrance offre une belle floraison estivale rouge rosé soutenu.

Brunnera macrophylla
MYOSOTIS DU CAUCASE
☼ ❄❄❄ ↕45 cm ↔60 cm

Cette vivace robuste porte au printemps des inflorescences ramifiées aux petites fleurs de myosotis bleu vif, au-dessus de grandes feuilles en cœur.

Anaphalis margaritacea
BOUTON D'ARGENT
☼ ❄❄❄ ↕↔60 cm

Les touffes dressées de tiges laineuses aux feuilles étroites, blanchâtres en dessous, portent des bouquets denses de petites fleurs d'« immortelle » de l'été à l'automne.

Bergenia x *schmidtii*
BERGÉNIA
☼ ◐ ❄❄❄ ↕30 cm ↔60 cm

Plante vivace de valeur, elle déploie fidèlement ses grands bouquets roses en fin d'hiver et au printemps, au-dessus de larges feuilles coriaces vert foncé.

Centaurea montana f. *alba*
BARBEAU DES MONTAGNES
☼ ❄❄❄ ↕50 cm ↔60 cm

C'est une belle variété du populaire barbeau des montagnes, aux grandes fleurs blanc pur dominant, en fin de printemps et en été, les touffes de feuillage gris-vert.

Euphorbia polychroma
EUPHORBE POLYCHROME
☼ ◑ ❄❄❄ ↕ 40 cm ↔ 30 cm

Cette euphorbe précieuse autant que robuste forme des touffes basses, denses, avec des inflorescences jaune-vert acidulé très durables, du printemps à l'été.

Chrysanthemum maximum 'Wirral Pride'
GRANDE MARGUERITE
☼ ◑ ❄❄❄ ↕ 75 cm ↔ 60 cm

Les longues tiges à feuilles vert foncé portent en été de grandes marguerites solitaires, doubles, blanches, à cœur d'anémone teinté de jaune.

Polemonium reptans 'Lambrook Mauve'
BÂTON DE JACOB
☼ ◑ ❄❄❄ ↕↔ 45 cm

Les tiges ramifiées portent, en fin de printemps et en début d'été, des bouquets lâches de fleurs bleu-mauve émergeant tout juste des touffes de feuilles très divisées.

Primula pruhonicensis 'Wanda'
PRIMEVÈRE
☼ ◑ ❄❄❄ ↕ 15 cm ↔ 20 cm

Voici une variété ancienne de primevère de jardin, à feuillage denté et graufré, qui offre immanquablement au printemps sa longue floraison rouge foncé.

Rhodiola rosea
RHODIOLA
☼ ❄❄❄ ↕↔ 20 cm

Des bouquets serrés de minuscules fleurs jaunes couronnent en été les touffes basses de tiges charnues, vert bleuté. Parfaite pour une rocaille ou en bordure.

Thermopsis rhombifolia
FAUX LUPIN
☼ ◑ ❄❄❄ ↕↔ 90 cm

En début d'été, ses épis de fleurs jaunes évoquent des lupins, au-dessus de feuilles divisées en trois folioles. Cette vivace à port rampant peut être envahissante.

Vivaces peu allergisantes

JARDIN ET JARDINAGE sont souvent proscrits à certaines périodes de l'année, au printemps en particulier, pour les personnes souffrant d'asthme, de rhume des foins ou d'allergies aggravées par les pollens. Le contact avec feuilles ou fleurs de certaines plantes peut par ailleurs causer des allergies cutanées. Les vivaces suivantes, pollinisées par les insectes, peu allergisantes, permettent aux personnes sensibles de profiter du jardin toute l'année.

Campanula trachelium 'Bernice'
CAMPANULE GANTELÉE
☼ ◐ ❄❄❄ ↕75 cm ↔30 cm

Cette belle plante vivace en touffe de tiges dressées, à feuilles dentées, porte des fleurs de campanule doubles, bleu violet, en été. A tuteurer si nécessaire.

Ajuga reptans 'Catlin's Giant'
BUGLE RAMPANTE
☼ ● ❄❄❄ ↕15 cm ↔indéfinie

Cet excellent couvre-sol à grandes feuilles persistantes vert brunâtre porte, en fin de printemps et en début d'été, des épis de petites fleurs bleu foncé.

Astilbe 'Irrlicht'
ASTILBE
☼ ◐ ❄❄❄ ↕↔50 cm

En fin de printemps et début d'été, de magnifiques plumets dressés aux minuscules fleurs blanches dominent les touffes de feuillage vert foncé. Pour sol humide.

Aquilegia chrysantha 'Yellow Queen'
ANCOLIE
☼ ◐ ❄❄❄ ↕90 cm ↔60 cm

Les tiges ramifiées de cette vigoureuse plante dressée portent de belles feuilles finement découpées, et des fleurs jaune d'or à long éperon en fin de printemps.

Bergenia 'Bressingham White'
BERGÉNIA
☼ ◐ ❄❄❄ ↕45 cm ↔60 cm

Les tiges charnues, dressées, portent au printemps des bouquets de fleurs en clochette blanc pur au-dessus des touffes de feuilles coriaces, persistantes.

Digitalis 'Glory of Roundway'
DIGITALE
☼ ◐ ❄❄❄ ↕90 cm ↔30 cm

C'est un hybride magnifique entre *D. purpurea* et *D. lutea*, à tiges ramifiées et fleurs caractéristiques, en doigt de gant, jaune pâle teinté de rose.

Geranium psilostemon
GÉRANIUM VIVACE
☼ ◐ ❄❄❄ ↕ 1,20 m ↔ 90 cm

C'est un géranium à floraison remarquable au-dessus d'un dôme de feuillage dense. Les fleurs d'un magenta très vif, à œil noir, se succèdent tout l'été.

Hosta 'Blue Blush'
HOSTA
◐ ● ❄❄❄ ↕ 20 cm ↔ 40 cm

Voici un des plus beaux hostas, avec ses feuilles lancéolées vert bleuté à nervures marquées et ses fleurs en clochette bleu lavande en été.

Paeonia 'Duchesse de Nemours'
PIVOINE HERBACÉE
☼ ◐ ❄❄❄ ↕↔ 80 cm

Les grandes fleurs doubles blanc pur de cette somptueuse pivoine sont légèrement teintées de jaune au cœur. Floraison en début d'été sur un beau feuillage ample.

Penstemon 'Andenken an Friedrich Hahn'
☼ ◐ ❄❄❄ ↕ 75 cm ↔ 60 cm

Connu aussi sous le nom de *P.* 'Garnet', c'est l'une des espèces les plus faciles à cultiver. Il porte en été des fleurs rouge soutenu sur des tiges robustes.

Sidalcea 'Oberon'
SIDALCÉA
☼ ❄❄❄ ↕ 1,20 m ↔ 45 cm

Les tiges dressées portent en été des bouquets de fleurs rose vif, comme des fleurs de mauve. Sauf celles de la base, les feuilles des tiges sont profondément lobées.

Veronica spicata ssp. *incana*
VÉRONIQUE
☼ ❄❄❄ ↕ 60 cm ↔ 45 cm

Les épis denses de fleurs bleu pourpré se succèdent tout l'été, contrastant avec les tiges duveteuses et les feuilles basales d'un beau gris argenté.

AUTRES VIVACES PEU ALLERGISANTES

Allium 'Globemaster'
Aruncus dioicus
Astilbe 'Snowdrift'
Dicentra spectabilis
Epimedium × *versicolor* 'Sulphureum'
Hosta 'Honeybells'
Iris sibirica
Polemonium 'Lambrook Mauve'

Viola cornuta
VIOLETTE CORNUE
☼ ◐ ❄❄❄ ↕ 15 cm ↔ 40 cm

C'est une délicieuse petite plante vivace à port étalé, buissonnant, et à fleurs mauve à violet, légèrement parfumées, en fin de printemps et en début d'été.

Vivaces délaissées par les limaces

LIMACES ET ESCARGOTS se révèlent plus ou moins gourmands, selon les jardins. Certaines plantes, comme les hostas, sont immanquablement visitées par ces nuisibles, qui délaissent en revanche d'autres espèces, en particulier celles à feuilles coriaces ou duveteuses, ou encore toxiques. Voici un choix de vivaces qui ne sont généralement pas attaquées.

Allium 'Globemaster'
AIL D'ORNEMENT
☼ ❄❄❄ ↕ 80 cm ↔ 30 cm

Superbe en groupe, cette plante bulbeuse, aux fines feuilles arquées, porte en été d'énormes boules de fleurs violettes, appréciées des abeilles et papillons.

AUTRES VIVACES DÉLAISSÉES PAR LES LIMACES ET ESCARGOTS

Aconitum carmichaelii 'Arendsii'
Artemisia ludoviciana
Arum italicum 'Marmoratum'
Campanula persicifolia
Colchicum 'Waterlily'
Epimedium pinnatum ssp. *colchicum*
Helleborus foetidus
Lobelia siphilitica
Sedum 'Matrona'

Aster ericoides 'Esther'
ASTER
☼ ❄❄❄ ↕ 70 cm ↔ 30 cm

Les touffes buissonnantes de fines tiges ramifiées portent, en fin d'été et en automne, des bouquets de petites fleurs en forme de marguerite, roses à œil jaune.

Bergenia 'Silberlicht'
BERGÉNIA
☼ ◑ ❄❄❄ ↕ 40 cm ↔ 30 cm

Les feuilles persistantes charnues, vert brillant, forment des rosettes basales dominées au printemps par les bouquets de fleurs blanches virant au rose.

Corydalis lutea
CORYDALE JAUNE
☼ ◑ ❄❄❄ ↕ 35 cm ↔ 30 cm

Les touffes de feuilles persistantes servent parfois de refuge aux escargots, mais sont rarement dévorées. Grappes de fleurs jaunes du printemps à l'automne.

Galanthus 'Atkinsii'
PERCE-NEIGE
◑ ❄❄❄ ↕ 20 cm ↔ 10 cm

Cette vigoureuse plante bulbeuse, qui se naturalise facilement, a des feuilles étroites vert bleuté. Fleurs pendantes, blanches à onglet vert, en fin d'hiver.

Geranium macrorrhizum
GÉRANIUM VIVACE
☼ ◐ ❄❄❄ ↕ 50 cm ↔ 60 cm

Cette plante couvre-sol très adaptable, à feuillage semi-persistant, aromatique, prend des teintes chaudes en automne. Floraison rose pourpré en début d'été.

Helleborus × *nigercors*
HELLÉBORE
◐ ❄❄❄ ↕ 30 cm ↔ 90 cm

De l'hiver au printemps, sa floraison est précieuse : fleurs en coupe blanches ou rosées se dégageant des feuilles persistantes divisées, grossièrement dentées.

Hosta 'Halcyon'
HOSTA
☼ ◐ ❄❄❄ ↕↔ 70 cm

C'est l'un des hostas les moins visités par les escargots, en touffes de belles feuilles en cœur, gris bleuté. Légère floraison violet bleuté en début d'été.

Iris chrysographes
IRIS
☼ ❄❄❄ ↕↔ 50 cm

Cette espèce remarquable présente des touffes de feuilles effilées gris-vert. Elle porte en été des fleurs pourpre rougeâtre, veloutées et parfumées.

Pulmonaria angustifolia ssp. *azurea*
PULMONAIRE
☼ ◐ ❄❄❄ ↕ 25 cm ↔ 45 cm

Le feuillage est vert uni et non tacheté, hérissé de poils, en touffes basses. Au printemps, bouquets pendants de fleurs en tube bleu gentiane, rouges en bouton.

Rudbeckia hirta
RUDBECKIA
☼ ◐ ❄❄❄ ↕ 80 cm ↔ 90 cm

Cette belle plante offre tout l'été et jusqu'en automne des fleurs, en forme de marguerite jaune foncé à œil noir, si le sol demeure humide.

Sedum spectabile 'Iceberg'
ORPIN
☼ ❄❄❄ ↕↔ 45 cm

C'est une vivace de culture facile, à tiges charnues, à feuillage gris-vert, qui en fin d'été et en automne porte des inflorescences aplaties blanches visitées par les papillons.

Vivaces délaissées par les lapins

DANS LES ZONES RURALES surtout, les lapins sont bien souvent responsables de dégâts dans les jardins. Ils peuvent dévaster une plate-bande plus rapidement qu'une armée de limaces. S'il existe différentes méthodes pour les tenir hors du jardin, il est bon d'inclure dans vos plantations des espèces qu'ils n'apprécient guère.

Agapanthus 'Blue Giant'
AGAPANTHE
☼ ❄❄❄ ↕ 90 cm ↔ 60 cm

Les tiges robustes portent, en été et en automne, des inflorescences lâches de fleurs d'un bleu soutenu, au-dessus d'une touffe de longues feuilles rubanées.

Alchemilla mollis
ALCHÉMILLE
☼ ◑ ❄❄❄ ↕↔ 35 cm

Voici une vivace qui a fait ses preuves, aux feuilles gris-vert, plissées, très élégantes, agrémentées en été d'une floraison vaporeuse jaune-vert. Se ressème.

Aster ericoides 'Golden Spray'
ASTER
☼ ❄❄❄ ↕ 90 cm ↔ 30 cm

De la fin de l'été à l'automne, des bouquets ramifiés de petites fleurs de marguerite blanches teintées de rose, à cœur jaune, s'élèvent sur une touffe buissonnante dressée.

Astilbe 'Straussenfeder'
ASTILBE
☼ ◑ ❄❄❄ ↕ 90 cm ↔ 60 cm

Elle est parfois appelée 'Ostrich Plume', ou plume d'autruche, ce qu'évoquent bien ses plumets arqués, roses, en été et en automne. Jeunes feuilles bronze.

Bergenia stracheyi
BERGÉNIA
☼ ❄❄❄ ↕ 20 cm ↔ 30 cm

Les touffes basses de feuillage persistant, coriace, sont couronnées en début de printemps de bouquets denses de fleurs roses parfumées. Bon couvre-sol.

Euphorbia griffithii 'Fireglow'
EUPHORBE
☼ ◑ ❄❄❄ ↕ 75 cm ↔ 60 cm

Cette vigoureuse vivace à port rampant finit par former de larges touffes très colorées en automne. Bouquets terminaux de fleurs orange vif en été.

Helleborus × hybridus
HELLÉBORE
◑ ❄❄❄ ↕↔ 45 cm

Ce beau groupe d'hybrides, à feuillage semi-persistant, donne de grandes fleurs en coupe, penchées, dans toute une gamme de teintes, en fin d'hiver et début de printemps.

Lamium maculatum 'Beacon Silver'
LAMIER TACHETÉ
☀ ◐ ❄❄❄ ↕ 20 cm ↔ 1 m

Le tapis dense de feuilles dentées, argentées et bordées de vert, fait un excellent couvre-sol semi-persistant. Bouquets de fleurs rose pâle en début d'été.

AUTRES VIVACES DÉLAISSÉES PAR LES LAPINS

Aconitum vulparia
Anemone × *hybrida* 'Königin Charlotte'
Aquilegia canadensis
Aster novi-belgii 'Marie Ballard'
Convallaria majalis 'Fortin'
Crocosmia 'Lucifer'
Kniphofia triangularis
Nepeta nervosa
Pulmonaria saccharata
Sedum 'Matrona'

Paeonia officinalis 'Rubra Plena'
PIVOINE OFFICINALE
☀ ◐ ❄❄❄ ↕ 75 cm ↔ 90 cm

C'est une pivoine de jardin ancienne, à fleurs doubles rouge cramoisi, aux pétales ébouriffés, en début d'été, sur une large touffe de feuillage vert brillant.

Narcissus 'Mount Hood'
NARCISSE
☀ ◐ ❄❄❄ ↕ 45 cm ↔ 50 cm

Ce narcisse trompette classique, à grandes fleurs blanches à trompette jaune crème, est magnifique en début de printemps, planté en groupe.

Trollius × *cultorum* 'Earliest of All'
TROLLE
☀ ◐ ❄❄❄ ↕ 50 cm ↔ 40 cm

Cette vivace à floraison printanière précoce préfère les sols lourds. Touffes lâches de feuillage très découpé ; fleurs globuleuses jaune clair.

Veratrum album
VÉRÂTRE BLANC
☀ ◐ ❄❄❄ ↕ 2 m ↔ 60 cm

Vivace imposante, en groupe surtout, elle mérite d'être cultivée, ne serait-ce que pour ses grandes feuilles plissées. Longs plumets blancs en été.

Vivaces délaissées par les cerfs

CERFS ET CHEVREUILS sont, derrière les lapins et les lièvres, les animaux les plus destructeurs au jardin, en zone rurale et boisée, bien sûr. Il est frustrant de retrouver ses précieuses plantes broutées par ces visiteurs ! Palissades et mesures répulsives ne sont pas toujours efficaces. Reste alors à cultiver certaines plantes auxquelles ne s'intéressent pas les cervidés.

Aconitum vulparia
ACONIT TUE-LOUP
☼ ◑ ❄❄❄ ↕ 1,20 m ↔ 90 cm

Cette belle vivace au feuillage découpé vert brillant porte des fleurs caractéristiques jaune paille en été. Ses racines étaient autrefois utilisées pour piéger les loups.

Astilbe 'Deutschland'
ASTILBE
☼ ◑ ❄❄❄ ↕ 50 cm ↔ 30 cm

Les plumets dressés de fleurs blanches dominent en été les touffes de feuilles vert brillant. Intéressante en fleurs coupées, elle apprécie un sol frais en été.

Artemisia ludoviciana 'Silver Queen'
ARMOISE
☼ ❄❄❄ ↕↔ 75 cm

Son port étalé, rampant, rend cette armoise précieuse pour ses feuilles argentées lancéolées et ses inflorescences laineuses blanches en été.

AUTRES VIVACES DÉLAISSÉES PAR LES CERFS

Aconitum napellus 'Carneum'
Allium schoenoprasum 'Forescate'
Asplenium scolopendrium
Aster novi-belgii 'Royal Velvet'
Bergenia 'Ballawley'
Epimedium perralderianum
Geranium sanguineum
Helleborus × hybridus
Iris foetidissima
Kniphofia uvaria
Lamium maculatum 'White Nancy'
Paeonia 'Bowl of Beauty'
Rudbeckia fulgida var. *sullivantii* 'Goldsturm'
Sisyrinchium striatum
Tellima grandiflora
Trollius 'Canary Bird'

Centranthus ruber
VALÉRIANE
☼ ❄❄❄ ↕ 90 cm ↔ 60 cm

Souvent installée au pied des vieux murs, cette vivace à souche ligneuse, à tiges feuillues gris-vert, offre une floraison rouge, rose ou blanche. Se plaît sur sol calcaire.

Digitalis purpurea Hybrides Excelsior
DIGITALE
◑ ❄❄❄ ↕ 1,50-2 m ↔ 50 cm

Vivace éphémère ou bisannuelle, imposante et colorée, elle forme une rosette de feuilles duveteuses et de longs épis de fleurs en entonnoir, aux teintes pastel, en début d'été.

Geranium macrorrhizum 'Bevan's Variety'
GÉRANIUM VIVACE
☼ ◑ ✻✻✻ ↕ 50 cm ↔ 60 cm

Cet excellent couvre-sol à feuillage semi-persistant aromatique prend souvent de belles teintes d'automne. Floraison rose pourpré en début d'été.

Narcissus 'Spellbinder'
NARCISSE
☼ ◑ ✻✻✻ ↕↔ 50 cm

Ce narcisse vigoureux fait particulièrement bel effet planté en larges taches. Fleurs printanières jaune soufre, à couronne virant progressivement au blanc.

Papaver orientale 'Beauty of Livermere'
PAVOT D'ORIENT
☼ ✻✻✻ ↕↔ 90 cm

Les tiges dressées, velues, à feuillage très découpé, portent en fin de printemps et en été de grandes fleurs rouge soutenu, aux pétales tachés de noir à la base.

Iris orientalis
IRIS
☼ ✻✻✻ ↕↔ 90 cm

Vivace robuste en touffe dressée de feuilles en lanières. Les tiges raides portent en début d'été une succession de fleurs blanches marquées de jaune.

Lysimachia clethroides
LYSIMAQUE
☼ ◑ ✻✻✻ ↕ 90 cm ↔ 60 cm

Vivace vigoureuse une fois bien établie, elle a des tiges dressées à feuilles étroites et des épis caractéristiques, ondulés, de petites fleurs blanches, en été.

× *Solidaster luteus* 'Lemore'
SOLIDASTER
☼ ✻✻✻ ↕↔ 80 cm

Les touffes denses de tiges dressées ont des feuilles étroites. Les inflorescences peu ramifiées, à petites fleurs jaune pâle en été et en automne, font de beaux bouquets.

FLORAISONS DÉCORATIVES

LEURS FLORAISONS SONT SOUVENT le plus bel attribut des vivaces. Ce sont elles qui apportent couleurs et parfums dans un jardin. Portant des fleurs, parfois pendant plusieurs mois d'affilée, les vivaces se prêtent à de multiples compositions.

Anemone hupehensis 'September Charm' pour une floraison d'automne

Quels que soient leurs autres attraits, c'est pour leur floraison généreuse et fiable que tant de jardiniers cultivent des plantes vivaces. A l'exception peut-être des régions aux hivers très rigoureux, il n'est pas un jour de l'année qui ne puisse voir éclore des fleurs. Du printemps à l'été, et jusqu'en automne, les vivaces assurent un spectacle coloré, parfumé et ininterrompu. Même en hiver, quelques plantes, dont le choix est certes très réduit, offrent encore leurs fleurs malgré le froid et la faible luminosité.

FLEURS ET COLORIS

Avec une palette de teintes allant du blanc et des subtils tons pastel à des rouges et jaunes vibrants, les vivaces offrent d'infinies possibilités. Vous pouvez utiliser ces couleurs pour obtenir des effets différents : soit les marier dans une composition assez naturelle, soit les intégrer dans un tracé plus structuré. Vous pouvez aussi vous inspirer des contrastes de couleurs souvent observés dans la nature, où se côtoient, par exemple, des vivaces comme verges d'or (*Solidago*) jaunes et asters bleu-violet, pour composer vos plantations, voire recréer des tableaux similaires. Une autre possibilité consiste à grouper des plantes dans des nuances de teintes proches, chaudes ou douces, pour évoquer une ambiance particulière. Pour un jardin au tracé assez rigoureux, des massifs organisés autour d'une couleur unique peuvent faire beaucoup d'effet.

FLEURS D'ÉTÉ *La diversité des formes et des teintes fait la réussite de ces plantations basses, façon rocaille, entourant une allée sinueuse.*

FORMES ET STRUCTURES

Les inflorescences sont une contribution importante, bien qu'éphémère, aux formes et structures du jardin. De la plus imposante à la plus gracile, les diverses inflorescences des vivaces, globuleuses, en plumets, en bouquets, en épis ou en « têtes » plates, s'associent et composent des scènes colorées qui attirent le regard.

△ COULEURS CHAUDES *Cette association éclatante de* Hemerocallis *'Stafford' et* Lilium *'Enchantment' apporte une note chaude.*

◁ JEUX DE CONTRASTES *Vous obtiendrez un fort impact visuel en préférant peu de teintes, contrastées, ici surtout des bleus et des jaunes.*

▷ BEAUTÉ SUBTILE *Pavots d'Orient et digitales aux teintes douces,* Dictamnus *roses, composent un tableau tout en douceur.*

Vivaces à floraison printanière

LES VIVACES QUI FLEURISSENT au printemps sont peut-être les plus attendues par le jardinier. C'est particulièrement vrai sous climat froid, où les couleurs sont rares pour égayer le trop long hiver. Avec l'allongement des jours et un temps plus doux, on assiste tout d'abord à l'explosion colorée des vivaces, dont de nombreuses plantes bulbeuses.

Hylomecon japonica
HYLOMECON
↕↔ 30 cm

Cette plante proche du pavot est parfaite en sous-bois, surtout comme couvre-sol. Les feuilles dentées sont très divisées, et les fleurs simples éclosent jusqu'en début d'été.

Bergenia 'Sunningdale'
BERGÉNIA
↕ 45 cm ↔ 60 cm

Les feuilles arrondies, coriaces, persistantes, se teintent de rouge cuivré en hiver. Bouquets de clochettes rose pourpré sur des tiges charnues au printemps.

Chionodoxa luciliae
CHIONODOXA
↕ 15 cm ↔ 10 cm

L'un des plus délicieux bulbes du début de printemps apparaît en bouquets lâches de petites fleurs étoilées bleu ciel à œil blanc. A planter en grandes touffes.

AUTRES VIVACES À FEUILLAGE PERSISTANT ET FLORAISON PRINTANIÈRE

Aubrieta var.
Bergenia 'Silberlicht'
Epimedium pinnatum ssp. *colchicum*
Erysimum 'Bowle's Mauve'
Euphorbia characias ssp. *wulfenii* 'Lambrook Gold'
Helleborus argutifolius
Helleborus foetidus
Iberis sempervirens

Boykinia jamesii
BOYKINIA
PH ↕↔ 15 cm

C'est une vivace peu courante, aux bouquets lâches de fleurs en clochette rouge rosé à cœur vert, sur des touffes de feuilles arrondies ou réniformes, velues.

Doronicum orientale 'Frühlingspracht'
DORONIC
↕ 40 cm ↔ 90 cm

Cette charmante plante vivace très colorée, à grandes fleurs doubles jaune vif, s'élance au-dessus de touffes de feuilles en cœur, à bord crénelé et ondulé.

Lathyrus vernus 'Alboroseus'
GESSE
↕ 40 cm ↔ 40 cm

Les tiges dressées en touffes denses portent des feuilles très divisées et des grappes lâches de fleurs papilionacées rose et blanc. Très réussie avec des bulbes.

Leucojum vernum var. *carpathicum*
NIVÉOLE DE PRINTEMPS
☼ ◐ ❄❄❄ ↕ 25 cm ↔ 15 cm

Superbe en larges touffes, cette plante bulbeuse a des feuilles rubanées charnues, des tiges dressées aux clochettes pendantes, blanches à onglet jaune.

Primula denticulata var. *alba*
PRIMEVÈRE DENTICULÉE
☼ ◐ ❄❄❄ ↕↔ 40 cm

Voici une forme blanche d'une primevère très populaire, de culture facile, dont les inflorescences globuleuses de fleurs à œil jaune s'élèvent au-dessus des rosettes de feuilles.

Narcissus 'King Alfred'
NARCISSE
☼ ◐ ❄❄❄ ↕ 45 cm ↔ 30 cm

Spectaculaire en grandes touffes, ce narcisse se prête bien à la naturalisation. Les grandes fleurs jaune orangé s'ouvrent à l'extrémité de hampes robustes.

Narcissus 'Thalia'
NARCISSE
☼ ◐ ❄❄❄ ↕ 35 cm ↔ 15 cm

Ce bel hybride issu de *N. triandrus*, aux tiges dressées portant chacune plusieurs fleurs légèrement penchées, est blanc laiteux, à gorge jaune.

Pulmonaria 'Mawson's Blue'
PULMONAIRE
☼ ◐ ❄❄❄ ↕ 35 cm ↔ 45 cm

Les touffes basses de feuilles duveteuses, aux bouquets de fleurs bleu foncé de la fin de l'hiver au printemps, sont une variante des pulmonaires à feuillage tacheté.

AUTRES VIVACES HERBACÉES À FLORAISON PRINTANIÈRE

Adonis vernalis
Bergenia ciliata
Brunnera macrophylla
Cardamine heptaphylla
Euphorbia polychroma
Helleborus atrorubens
Hepatica nobilis
Pulsatilla vulgaris
Trollius 'Goldquelle'

Vivaces fleurissant de la mi-été à la fin de l'été

UN GRAND NOMBRE DE PLANTES VIVACES qui fleurissent en plein été ont une longue période de floraison, grâce à la chaleur et à la forte intensité lumineuse. Vous trouverez dans cette sélection des espèces qui s'épanouissent dès le début de l'été, d'autres qui fleurissent jusqu'en automne, toutes formant des taches lumineuses au jardin.

Aster amellus 'Veilchenkönigin'
ASTER ŒIL-DE-CHRIST
☼ ❄❄❄ ↕ ↔ 50 cm

Les touffes de tiges dressées de cette excellente vivace de fin d'été sont parsemées d'innombrables fleurs en forme de marguerite, violet pourpré à cœur jaune.

Coreopsis grandiflora 'Badengold'
CORÉOPSIS
☼ ◐ ❄❄❄ ↕ 90 cm ↔ 45 cm

C'est une vivace très colorée, aux touffes de tiges dressées à feuilles finement divisées et aux fleurs jaune vif à cœur orangé, tout au long de l'été.

Digitalis x *mertonensis*
DIGITALE
☼ ◐ ❄❄❄ ↕ 90 cm ↔ 30 cm

« Fraise écrasée » correspond exactement à la teinte des fleurs tubulées de cette robuste plante vivace. Belles feuilles nervurées en rosette basale.

Inula ensifolia
AUNÉE
☼ ◐ ❄❄❄ ↕ 60 cm ↔ 30 cm

Cette vivace est facile à cultiver ; en touffes denses de tiges dressées, à feuilles étroites, elle a une longue période de floraison en sorte de marguerites jaune d'or.

Kniphofia 'Samuel's Sensation'
TISON DE SATAN
☼ ◐ ❄❄❄ ↕ 1,50 m ↔ 75 cm

Les touffes de longues feuilles en lanière sont dominées en fin d'été et en début d'automne par les épis denses des fleurs, d'abord écarlate brillant, puis jaunes.

AUTRES VIVACES FLEURISSANT EN MILIEU D'ÉTÉ

Campanula latifolia var. *macrantha*
Centranthus ruber
Crocosmia 'Lucifer'
Galega officinalis
Hemerocallis 'Stafford'
Macleaya cordata
Prunella grandiflora
Stachys macrantha
Veronica austriaca ssp. *teucrium* 'Crater Lake Blue'

Lavatera 'Rosea'
LAVATÈRE
☼ ❄❄ ↕↔ 2 m

C'est l'une des plus populaires parmi les lavatères, formant un grand buisson dense, à souche ligneuse, à feuillage semi-persistant. Floraison rose vif tout l'été.

AUTRES VIVACES FLEURISSANT EN FIN D'ÉTÉ

Aconitum 'Bressingham Spire'
Anemone × *hybrida* 'Königin Charlotte'
Aster cordifolius 'Silver Spray'
Gentiana asclepiadea
Helenium 'Chipperfield'

Monarda 'Prärienacht'
MONARDE
☼ ◐ ❄❄❄ ↕ 90 cm ↔ 60 cm

Les touffes denses de tiges duveteuses, aromatiques, portent des inflorescences de fleurs rose pourpré entourées de bractées vertes teintées de rouge.

Nepeta sibirica
NÉPÉTA
☼ ◐ ❄❄❄ ↕ 90 cm ↔ 45 cm

Le feuillage est denté, aromatique, sur des tiges dressées quadrangulaires. Les longs épis de fleurs bleu violacé à violet foncé sont recherchées des abeilles.

Physostegia virginiana 'Vivid'
FLEUR CHARNIÈRE
☼ ◐ ❄❄❄ ↕ 60 cm ↔ 30 cm

Pendant l'été, les longs épis de fleurs, rose pourpré vif, tiennent bien en bouquet. Touffes de tiges dressées, lisses, quadrangulaires, à feuilles étroites.

Salvia × *sylvestris* 'Mainacht'
☼ ❄❄❄ ↕ 60 cm ↔ 30 cm

Elle a une belle floraison bleu foncé, à bractées pourpres, en longs épis à l'extrémité des tiges anguleuses. Feuillage aromatique dense, gris-vert.

Verbena bonariensis
VERVEINE
☼ ❄❄ ↕ 1,50 m ↔ 50 cm

Abeilles et papillons visitent les bouquets délicats de minuscules fleurs rose pourpré à l'extrémité des tiges ramifiées. Se ressème facilement.

Vivaces à floraison automnale

DANS LA PLUPART DE NOS RÉGIONS à climat tempéré, l'automne est dominé par les teintes vives des feuilles caduques, des baies et autres fruits décoratifs de l'arrière-saison. Les vivaces s'épanouissant à cette époque sont relativement peu nombreuses, d'autant plus précieuses que leur floraison tardive illumine le jardin avant l'arrivée de l'hiver.

Cyclamen hederifolium
CYCLAMEN DE NAPLES
↕ 10 cm ↔ 15 cm

L'élégant feuillage marbré succède aux délicieuses fleurs roses ou blanches, sur un fin pédoncule. Précieux couvre-sol sous les arbres, en grandes taches.

Aconitum carmichaelii 'Arendsii'
ACONIT
↕ 1,20 m ↔ 60 cm

C'est une grande plante vivace au feuillage vert foncé très découpé, portant des panicules de fleurs bleu pourpré à œil noir, en forme de casque.

Cimicifuga simplex 'Elstead'
CIERGE D'ARGENT
↕ 1,20 m ↔ 60 cm

Les longues tiges arquées de cette vivace gracieuse portent des épis cylindriques de minuscules fleurs blanches. Feuillage vert foncé, teinté de pourpre.

Leucanthemella serotina
CHRYSANTHÈME TARDIF
↕ 2 m ↔ 90 cm

Il offre une superbe floraison tardive en grandes marguerites blanches qui suivent la marche du soleil, sur de hautes tiges feuillues. Autrefois *Chrysanthemum uliginosum*.

Anemone hupehensis 'September Charm'
ANÉMONE DU JAPON
↕ 75 cm ↔ 60 cm

Les anémones du Japon sont précieuses au jardin. Celle-ci a des feuilles trilobées, d'élégantes fleurs rose clair qui se succèdent jusque tard en saison.

Colchicum 'Waterlily'
COLCHIQUE
↕ 12 cm ↔ 10 cm

Il faut planter en grands groupes ce petit bulbe d'automne à floraison spectaculaire. Fleurs doubles rose violacé. Les feuilles se développent au printemps.

Nerine bowdenii 'Mark Fenwick'
NÉRINE
↕ 50 cm ↔ 30 cm

Les hampes lisses de cette plante bulbeuse portent en automne des ombelles de fleurs rose violacé spectaculaires. Les feuilles en lanière apparaissent ensuite.

Helleborus ...
HELLÉBO...
☼ ◑ ❄❄...

Les feuilles ...
pédoncules ...
originale à ...
en clochette ...

Schizostylis coccinea 'Major'
LIS DES CAFRES
☼ ❄❄ ↕60 cm ↔30 cm

Ce membre de la famille du glaïeul a des feuilles en forme de glaive, des épis de grandes fleurs rouge vif, satinées. A planter en groupe pour un bel effet.

> **AUTRES VIVACES À FLORAISON AUTOMNALE**
>
> *Aster cordifolius* 'Ideal'
> *Colchicum speciosum* 'Album'
> *Eupatorium purpureum* 'Atropurpureum'
> *Kniphofia triangularis*
> *Leucojum autumnale*
> *Rudbeckia nitida* 'Autumn Glory'
> *Sedum spectabile* 'Carmen'
> *Tricyrtis hirta* var. *alba*
> *Verbena bonariensis*

Strobilanthes atropurpureus
STROBILANTHES
☼ ◑ ❄❄❄ ↕1,20 m ↔80 cm

Cette vivace peu courante est intéressante pour sa floraison tardive bleu-violet à pourpre, sur des tiges dressées buissonnantes. Fleurs en tube arqué, feuillage lisse.

Sedum 'Vera Jameson'
ORPIN
☼ ❄❄❄ ↕25 cm ↔45 cm

C'est un petit bijou parmi les orpins à floraison automnale. Coussins bas de feuilles pourprées, pruineuses, couverts de bouquets de fleurs étoilées roses.

Tricyrtis formosana
LIS DES CRAPAUDS
◑ ● ❄❄❄ ↕80 cm ↔45 cm

Les curieuses fleurs blanches ponctuées de pourpre méritent d'être admirées de près. Le feuillage est élégant également, vert foncé lustré, en touffes érigées.

Vernonia crinita
VERNONIA
☼ ◑ ❄❄❄ ↕2 m ↔90 cm

Sur cette vivace vigoureuse et imposante, à feuilles étroites et tiges robustes, des bouquets aplatis d'inflorescences pourprées se succèdent en fin d'été et en automne.

Vivaces à fleurs groupées en inflorescences plates

IL EXISTE BIEN DES FAÇONS de créer des effets décoratifs dans les massifs, outre la composition avec des hauteurs de plantes différentes ou des feuillages aux textures variées. Ainsi, les vivaces à inflorescences aplaties ou qui se ramifient horizontalement permettent de créer des contrastes très réussis avec des plantes à port dressé ou à longs épis de fleurs.

Achillea 'Coronation Gold'
ACHILLÉE
☼ ❄❄❄ ↕ 90 cm ↔ 45 cm

Les « têtes » plates jaune d'or, parfaites pour les bouquets frais ou secs, se succèdent en été et en automne sur le feuillage persistant finement découpé.

Chaerophyllum hirsutum 'Roseum'
CERFEUIL HIRSUTE
☼ ◐ ❄❄❄ ↕ 60 cm ↔ 50 cm

C'est une variété ravissante, qui offre en début d'été ses inflorescences aplaties rose-mauve, sur des touffes de tiges dressées au feuillage finement divisé.

Aster lateriflorus 'Horizontalis'
ASTER
☼ ◐ ❄❄❄ ↕ 60 cm ↔ 40 cm

Cet aster buissonnant se ramifie horizontalement et porte en automne de minuscules fleurs rose-mauve lorsque le feuillage vire au pourpre cuivré.

Sambucus ebulus
SUREAU YÈBLE
☼ ◐ ❄❄❄ ↕ 90 cm ↔ indéfinie

De grandes feuilles divisées habillent les tiges dressées, drageonnantes, de ce sureau. Inflorescences blanches, odorantes, en été, suivies de baies noires.

Sedum spectabile
ORPIN
☼ ❄❄❄ ↕↔ 50 cm

Voici un grand classique, très prisé des abeilles et papillons. Les inflorescences aplaties roses couvrent en fin d'été les touffes au feuillage charnu gris-vert.

Selinum wallichianum
SELINUM
☼ ◐ ❄❄❄ ↕ 1,20 m ↔ 60 cm

C'est une plante de la famille de la carotte, à tiges dressées et fin feuillage. Ombelles plates de minuscules fleurs blanches à anthères noires, en été et en automne.

AUTRES VIVACES À FLEURS GROUPÉES EN INFLORESCENCES PLATES

Achillea filipendulina 'Gold Plate'
Aster amellus 'King George'
Aster amellus 'Sonia'
Chaerophyllum hirsutum
Heracleum mantegazzianum
Ligularia dentata
Pimpinella major 'Rosea'
Sedum 'Herbstfreude'
Solidago 'Strahlenkrone'
Tanacetum vulgare

FLORAISONS DÉCORATIVES

Vivaces à fleurs en longs épis

LES VIVACES À LONGUES INFLORESCENCES en épis font toujours beaucoup d'effet au jardin, donnant hauteur et structure aux plantations. Leurs grandes chandelles élégantes dominent les autres plantes. Les fleurs des épis s'ouvrent généralement de bas en haut, mais parfois de haut en bas, comme chez *Liatris spicata*.

Ligularia 'The Rocket'
LIGULAIRE
☼ ◐ ❄❄❄ ↕ 1,80 m ↔ 1 m

En été, les longs épis effilés de fleurs jaunes sur une hampe noire se dressent au-dessus des grandes feuilles dentées, cordiformes. Pour sol humide.

Delphinium 'Butterball'
DELPHINIUM
☼ ❄❄❄ ↕ 1,50 m ↔ 75 cm

Les tiges robustes de ce magnifique delphinium déploient en début d'été, parfois encore en fin de saison, leurs longues hampes aux fleurs blanches semi-doubles.

Epilobium angustifolium f. *album*
LAURIER DE SAINT ANTOINE
☼ ◐ ❄❄❄ ↕ 1,50 m ↔ 1 m

Les tiges dressées, vigoureuses, portent des feuilles fines comme celles de saule, et de longs épis de fleurs blanches à sépales verts en été. Se ressème.

AUTRES VIVACES À FLEURS EN LONGS ÉPIS

Asphodeline lutea
Cimicifuga racemosa
Eremurus x *isabellinus* Hybrides Shelford
Heuchera cylindrica
Liatris spicata
Lysimachia ephemerum
Lythrum virgatum 'The Rocket'
Verbascum chaixii
Veronicastrum virginicum f. *album*

Digitalis parviflora
DIGITALE
◐ ❄❄❄ ↕ 1,20 m ↔ 45 cm

Elle est très différente de la digitale commune, avec en été de longs épis raides de fleurs brun doré, veinées de rouge, au-dessus de rosettes de feuilles basales.

Kniphofia 'Erecta'
TISON DE SATAN
☼ ◐ ❄❄❄ ↕ 90 cm ↔ 60 cm

Cette robuste vivace en touffes denses a des tiges raides et des feuilles rubanées. En fin d'été et en automne, les fleurs rouge corail des épis se redressent en s'ouvrant.

Verbascum chaixii 'Album'
MOLÈNE
☼ ❄❄❄ ↕ 90 cm ↔ 45 cm

Cette vivace a des tiges dressées, souvent ramifiées, couronnées en été d'épis de fleurs blanches à cœur violet. Rosettes de feuilles velues, semi-persistantes.

Vivaces à fleurs de couleurs vives

LES VIVACES TRÈS COLORÉES ne sont pas du goût de tous les jardiniers, bien qu'elles apportent vie et lumière dans un massif. Une seule vivace au coloris éclatant suffit, en réfléchissant l'ardeur du soleil, à éclairer une plate-bande assez terne, tandis qu'un groupe de ces plantes sera éblouissant dans des plantations mixtes.

AUTRES VIVACES À FLEURS ORANGÉES

- *Crocosmia* 'Firebird'
- *Euphorbia griffithii* 'Fireglow'
- *Fritillaria imperialis*
- *Helenium* 'Chipperfield'
- *Heliopsis helianthoides* 'Sonnenchild'
- *Kniphofia galpinii*
- *Lilium* 'Enchantment'
- *Lilium superbum*
- *Potentilla* 'William Rollison'
- *Primula bulleyana*

Asclepias tuberosa
ASCLÉPIADE
☼ ❄❄❄ ↕ 90 cm ↔ 60 cm

Bien que parfois mauvaise herbe dans son habitat naturel, ses fleurs orangé éclatant sur des tiges dressées sont superbes au jardin, en fin d'été. Sève laiteuse toxique.

Dahlia 'Bishop of Llandaff'
DAHLIA
☼ ❄ ↕ 1 m ↔ 45 cm

Les fleurs semi-doubles rouge éclatant de ce superbe dahlia sont bien mises en valeur en fin d'été, au-dessus de feuilles et de tiges rouge sombre.

Geum coccineum
BENOÎTE
☼ ☼ ❄❄❄ ↕ 50 cm ↔ 30 cm

Les fines tiges ramifiées portent, au printemps et en été, des fleurs rouge orangé à étamines dorées au-dessus de feuilles velues profondément divisées.

Crocosmia masoniorum
MONTBRETIA
☼ ☼ ❄❄❄ ↕ 1,20 m ↔ 60 cm

C'est une vivace classique, avec ses feuilles plissées en forme de glaive et ses épis arqués de fleurs estivales en trompette rouge orangé. Fleur à bouquets.

Gaillardia 'Dazzler'
GAILLARDE
☼ ❄❄❄ ↕ 75 cm ↔ 45 cm

Cette vivace buissonnante, souvent éphémère, a de grandes fleurs en marguerite à cœur marron, aux pétales rouge orangé à pointe jaune, en été et en début d'automne.

Helenium 'Septemberfuchs'
HÉLÉNIE
☼ ❄❄❄ ↕ 1,50 m ↔ 60 cm

Les touffes robustes de tiges dressées, feuillues, portent en fin d'été et en automne une multitude de fleurs en marguerite brun orangé suffusé de jaune.

Hemerocallis fulva 'Flore Pleno'
HÉMÉROCALLE
☼ ◐ ❄❄❄ ↕ 75 cm ↔ 1,20 m

Les tiges dressées portent en été des fleurs en trompette doubles, brun orangé à gorge sombre, au-dessus de larges touffes de feuilles arquées, rubanées.

Kniphofia triangularis
TISON DE SATAN
☼ ❄❄❄ ↕ 75 cm ↔ 45 cm

C'est une espèce à belle floraison tardive, offrant en automne de nombreux épis rouge orangé sur des touffes de fines feuilles arquées, graminiformes.

Lychnis chalcedonica 'Flore Pleno'
CROIX DE JÉRUSALEM
☼ ❄❄❄ ↕ 1,20 m ↔ 45 cm

Si la forme à fleurs simples est décorative, celle-ci l'est plus encore, avec ses bouquets denses de fleurs écarlates, doubles, sur des tiges dressées, duveteuses.

Monarda 'Squaw'
MONARDE
☼ ❄❄❄ ↕ 90 cm ↔ 45 cm

Les touffes denses aux tiges dressées, au feuillage aromatique, portent en été et en automne des bouquets verticillés de fleurs rouge vif, appréciées des abeilles.

Potentilla 'Monsieur Rouillard'
POTENTILLE
☼ ❄❄❄ ↕ 45 cm ↔ 60 cm

Cette potentille forme une touffe lâche de tiges dressées ou étalées, à feuilles divisées. Les fleurs doubles, rouge profond marqué de jaune, s'ouvrent en été.

Primula 'Inverewe'
PRIMEVÈRE CANDÉLABRE
☼ ◐ ❄❄❄ ↕↔ 75 cm

C'est une primevère robuste pour les lieux humides, en rosette de feuilles dentées, aux tiges farineuses blanchâtres portant en été des verticilles de fleurs rouge vif.

AUTRES VIVACES À FLEURS ROUGES

- *Achillea millefolium* 'Red Beauty'
- *Chrysanthemum* 'Red Velvet'
- *Crocosmia* 'Lucifer'
- *Geum* 'Red Wings'
- *Hemerocallis* 'Stafford'
- *Lobelia fulgens* 'Elmfeuer'
- *Papaver orientale* 'Beauty of Livermere'
- *Potentilla* 'Gibson's Scarlet'
- *Potentilla nepalensis* 'Miss Willmott'

Vivaces à fleurs de couleurs douces

ROSE, BLEU, JAUNE PÂLE sont des teintes douces pour l'œil, apportant des notes subtiles dans les plantations. Le blanc joue un rôle similaire. Utilisées par petites touches, ces fleurs de couleurs délicates ont un effet rafraîchissant, surtout lorsqu'elles fleurissent en plein été.

Agapanthus 'Snowy Owl'
AGAPANTHE
☼ ☀ ❄❄ ↕ 1,20 m ↔ 60 cm

Les hampes robustes portent en fin d'été des ombelles presque rondes de fleurs blanc pur au-dessus des touffes de feuilles vert brillant, en lanière étroite.

Astilbe 'Vénus'
ASTILBE
☼ ☀ ❄❄❄ ↕ 90 cm ↔ 45 cm

Les grands plumets coniques, vaporeux, de minuscules fleurs roses se dressent en début d'été au-dessus de belles feuilles divisées vert vif. Sur sol humide de préférence.

Centaurea pulcherrima
CENTAURÉE
☼ ❄❄❄ ↕ 40 cm ↔ 60 cm

En fin de printemps et en début d'été, les tiges fines aux belles fleurs de bleuet rose pâle émergent au-dessus de feuilles entières ou lobées, duveteuses au revers.

AUTRES VIVACES À FLORAISON PRÉCOCE ET COULEURS DOUCES

- *Aquilegia* 'Koralle'
- *Corydalis flexuosa*
- *Dicentra spectabilis* 'Alba'
- *Epimedium* x *versicolor* 'Sulphureum'
- *Omphalodes cappadocica* 'Cherry Ingram'
- *Paeonia mlokosewitschii*
- *Polemonium caeruleum*
- *Pulmonaria* 'Mawson's Blue'
- *Veratrum album*

Anchusa azurea 'Loddon Royalist'
BUGLOSSE
☼ ❄❄❄ ↕ 90 cm ↔ 60 cm

Les inflorescences ramifiées de fleurs bleu profond à œil blanc couronnent en début d'été les hautes touffes denses de tiges et feuilles velues.

Campanula persicifolia 'Telham Beauty'
☼ ☀ ❄❄❄ ↕ 90 cm ↔ 30 cm

C'est une charmante variété de la populaire campanule à feuilles de pêcher, aux grappes légères de grandes fleurs bleu clair en début d'été. Culture facile.

Chrysanthemum 'Clara Curtis'
MARGUERITE D'AUTOMNE
☼ ❄❄❄ ↕ 75 cm ↔ 60 cm

Sur le feuillage finement découpé des tiges buissonnantes, ligneuses à la base se détachent les fleurs de marguerite rose clair à cœur jaune, en fin d'été et en automne.

Delphinium 'Blue Bees'
DELPHINIUM
☼ ❄❄❄ ↕1 m ↔45 cm

Les fines tiges dressées portent des feuilles très découpées, de longues grappes de fleurs éperonnées, bleu clair à œil blanc, en début et en fin d'été.

Gentiana asclepiadea
GENTIANE
☼ ◐ ❄❄❄ ↕90 cm ↔60 cm

Les touffes de tiges arquées portent des feuilles ressemblant à celles des saules. Fleurs bleu clair à violet à l'aisselle des feuilles, en fin d'été et en automne.

Iris winogradowii
IRIS
☼ ❄❄❄ ↕7 cm ↔10 cm

Fleurs jaune clair mouchetées de vert en début de printemps, au-dessus des touffes de feuilles fines. Un bel iris à planter en rocaille ou en pot.

Monarda 'Croftway Pink'
MONARDE
☼ ◐ ❄❄❄ ↕90 cm ↔60 cm

Cette belle vivace aromatique prisée des abeilles, à tiges dressées et feuilles opposées, porte en été des verticilles de fleurs rose clair aux bractées plus foncées.

Paeonia 'Sarah Bernhardt'
PIVOINE
☼ ◐ ❄❄❄ ↕↔90 cm

Cette robuste pivoine forme des touffes larges de tiges dressées, à très grandes fleurs doubles, rose clair, odorantes, en début d'été. Belle fleur à bouquets.

Penstemon heterophyllus 'Blue Gem'
☼ ◐ ❄❄❄ ↕↔40 cm

Il offre une floraison estivale magnifique, en grappes denses de fleurs tubulées bleu violacé. Feuillage semi-persistant, sur une souche ligneuse.

AUTRES VIVACES À FLORAISON TARDIVE ET COULEURS DOUCES

Agapanthus 'Bressingham White'
Geranium x *oxonianum* 'A.T. Johnson'
Liatris spicata 'Floristan Weiss'
Oenothera stricta 'Sulphurea'
Phlox paniculata 'Fujiyama'
Phygelius x *rectus* 'Moonraker'
Platycodon grandiflorus f. *albus*
Salvia uliginosa
Schizostylis coccinea 'Viscountess Byng'

Sidalcea 'Elsie Heugh'
SIDALCÉA
☼ ❄❄❄ ↕90 cm ↔45 cm

Cette belle vivace aux tiges dressées à étalées et feuilles caulinaires profondément lobées, porte, en été, de longs épis de fleurs de mauve satinées, rose pourpré.

Vivaces à fleurs de couleurs pâles

LES FLEURS DE COULEURS PÂLES permettent d'éclairer les coins les plus sombres ou les massifs ombragés du jardin. Se détachant sur un fond de feuillage sombre, elles réfléchissent la lumière, même lorsque celle-ci est faible, et elles attirent encore le regard parmi les plantations lorsque la nuit tombe.

Dictamnus albus
FRAXINELLE
☼ ◑ ❄❄❄ ↕ 90 cm ↔ 60 cm

Cette plante à croissance lente, au feuillage aromatique très divisé, porte en début d'été des grappes dressées de fleurs blanches aux étamines proéminentes.

AUTRES VIVACES À FLEURS DE COULEURS PÂLES

- *Cephalaria gigantea*
- *Chrysanthemum maximum* 'Wirral Pride'
- *Iris japonica* 'Ledger's Variety'
- *Kniphofia* 'Gloire d'Orléans'
- *Oenothera speciosa* 'Rosea'
- *Polemonium carneum*
- *Polygonum bistorta* 'Superbum'
- *Potentilla recta* 'Sulphurea'
- *Ranunculus bulbosus* 'F. M. Burton'

Coreopsis verticillata 'Moonbeam'
CORÉOPSIS
☼ ◑ ❄❄❄ ↕ 50 cm ↔ 45 cm

Une multitude de fleurs jaunes couvre en été les touffes buissonnantes assez basses. Tiges fines, ramifiées, fin feuillage. Parfait en bordure de massif.

Anthemis tinctoria 'Sauce Hollandaise'
ŒIL-DE-BŒUF
☼ ❄❄❄ ↕↔ 60 cm

Les fleurs en marguerite, crème à cœur jaune, se succèdent en été pendant des semaines, sur des touffes de feuilles vert foncé finement divisées.

Campanula persicifolia 'Chettle Charm'
CAMPANULE À FEUILLES DE PÊCHER
☼ ◑ ❄❄❄ ↕ 90 cm ↔ 60 cm

Cette ravissante variété aux longues tiges fines, aux feuilles étroites, porte, en été, des bouquets légers de fleurs en clochette très pâles, ponctuées de bleu au bord.

Dicentra spectabilis 'Alba'
CŒUR-DE-MARIE
◑ ❄❄❄ ↕ 60 cm ↔ 45 cm

C'est une plante très élégante, au feuillage léger, vert pâle, aux longues tiges arquées portant au printemps des grappes de fleurs en cœur, blanc pur.

Gaura lindheimeri
GAURA
☼ ◑ ❄❄❄ ↕ 1,20 m ↔ 90 cm

Les tiges souples donnent à cette plante un aspect buissonnant très ouvert. Bouquets de fleurs roses en bouton, puis blanches, étoilées, en fin d'été et en automne.

Gillenia trifoliata
SPIRÉE À TROIS FEUILLES
☼ ◑ ❄❄❄ ↕ 1 m ↔ 60 cm

Les tiges grêles rougeâtres à feuilles vert bronze portent, au printemps et en début d'été, des bouquets de petites fleurs blanches à calice rougeâtre décoratif.

Phlox paniculata 'Fujiyama'
PHLOX VIVACE
☼ ◑ ❄❄❄ ↕ 90 cm ↔ 60 cm

De gros bouquets de fleurs blanc pur couronnent en fin d'été les tiges feuillues, réunies en touffes denses. L'une des plus belles vivaces à fleurs blanches.

Phygelius aequalis 'Yellow Trumpet'
FUCHSIA DU CAP
☼ ❄❄ ↕ 1 m ↔ 1,20 m

Cette plante robuste, aux tiges quadrangulaires, ligneuses à la base, porte en été et en automne des grappes lâches de fleurs en tube pendantes, jaune pâle.

Kirengeshoma palmata
KIRENGESHOMA
◑ ❄❄❄ ↕ 1,20 m ↔ 75 cm

C'est une vivace assez imposante, à tiges sombres, grandes feuilles dentées ou lobées, agrémentées en automne de bouquets de fleurs cireuses jaune pâle. Sol humide.

Kniphofia 'Little Maid'
TISON DE SATAN
☼ ◑ ❄❄❄ 60 cm ↔ 45 cm

Les tiges dressées issues de touffes de fines feuilles arquées portent en automne de longs épis denses de fleurs en tube, jaune chamoisé, vert pâle en bouton.

Trollius x cultorum 'Alabaster'
TROLLE
☼ ◑ ❄❄❄ ↕ 60 cm ↔ 40 cm

En fin de printemps et en début d'été, de belles fleurs globuleuses jaune pâle s'élèvent sur de longues tiges au-dessus du feuillage vert lustré, très découpé. Sol frais à humide.

Vivaces à floraison parfumée

DÉCOUVRIR L'ABSENCE DE PARFUM d'une fleur superbe est toujours décevant. La plupart des espèces vivaces très odorantes ont des fleurs relativement petites, tandis que la palette des coloris de celles qui portent de grandes fleurs parfumées se limite le plus souvent au blanc ou aux teintes très claires. Ces fleurs dévoilent leur délicat parfum tout particulièrement le soir, au moment où les pollinisateurs nocturnes visitent le jardin.

Dianthus 'Doris'
ŒILLET MIGNARDISE
☼ ❄❄❄ ↕↔ 40 cm

Les fleurs doubles, rose pâle à cœur plus foncé, couronnent tout l'été et jusqu'en automne les tiges gris bleuté à feuilles étroites de ce charmant œillet.

Hemerocallis 'Marion Vaughn'
HÉMÉROCALLE
☼ ◐ ❄❄❄ ↕ 85 cm ↔ 75 cm

Les bouquets de fleurs en trompette jaune citron très parfumées se succèdent en été sur des tiges dressées, au-dessus de feuilles arquées semi-persistantes.

Iris graminea
IRIS
☼ ◐ ❄❄❄ ↕ 40 cm ↔ 30 cm

En fin de printemps et en début d'été, les petites fleurs violet pourpré de cet iris à fines feuilles en lanière répandent un parfum fruité caractéristique.

VIVACES À FLORAISON PARFUMÉE HIVERNALE OU PRINTANIÈRE

Convallaria majalis
Crocus laevigatus
Erysimum cheiri 'Harpur Crewe'
Galanthus 'Magnet'
Hyacinthoides non-scripta
Iris unguicularis
Narcissus jonquilla
Narcissus × *odorus*
Petasites fragrans
Viola odorata

Erysimum cheiri 'Blood Red'
GIROFLÉE RAVENELLE
☼ ❄❄❄ ↕ 80 cm ↔ 40 cm

Le parfum des giroflées est l'une des joies du printemps. Si elles sont éphémères, elles existent dans toute une palette de teintes, comme celle-ci, rouge profond.

Hosta 'Honeybells'
HOSTA
◐ ● ❄❄❄ ↕ 75 cm ↔ 1,20 m

Les touffes vigoureuses de belles feuilles en cœur, aux nervures marquées, sont agrémentées en fin d'été de grappes de fleurs odorantes, blanches ou bleu lavande.

Lilium regale
LIS ROYAL
☼ ❄❄❄ ↕ 1,50 m ↔ 40 cm

C'est l'un des plus beaux lis parfumés, inoubliable dans un jardin ensoleillé. Les tiges robustes sont couronnées en été de fleurs en trompette blanches rayées de rose.

Narcissus poeticus var. *recurvus*
NARCISSE DES POÈTES
☼ ◑ ❄❄❄ ↕ 35 cm ↔ 30 cm

De belles fleurs blanc pur à petite couronne jaune bordée d'orangé émergent en fin de printemps au-dessus des feuilles gris-vert en lanière.

Nicotiana sylvestris
TABAC D'ORNEMENT
☼ ◑ ❄ ↕ 1,50 m ↔ 60 cm

Les rosettes de grandes feuilles sont dominées en été par de longues grappes de fleurs blanches, tubulées, odorantes. A cultiver comme annuelle ou bisannuelle.

VIVACES À FLORAISON ESTIVALE PARFUMÉE

Cosmos atrosanguineus
Dianthus 'Heidi'
Hemerocallis lilioasphodelus
Hesperis matronalis
Hosta plantaginea var. *grandiflora*
Hosta 'Summer Fragrance'
Lilium candidum
Paeonia 'Festiva Maxima'
Phlox maculata 'Omega'
Primula florindae

Phlox maculata 'Alpha'
PHLOX
☼ ◑ ❄❄❄ ↕ 90 cm ↔ 60 cm

Dans les massifs, c'est un phlox particulièrement élégant, en touffes dressées, à feuilles étroites, couronnées en été d'inflorescences denses, roses, parfumées.

Primula auricula var. *albocincta*
PRIMEVÈRE AURICULE
☼ ◑ ❄❄❄ ↕↔ 20 cm

Elle est superbe en rocaille ou en potée, avec des rosettes de feuilles persistantes grisâtres, dominées au printemps par des ombelles de fleurs parfumées, jaunes à œil blanc.

Tulbaghia violacea
TULBAGHIA
☼ ❄❄ ↕ 50 cm ↔ 25 cm

Les tiges dressées portent en été et en début d'automne des ombelles lâches de fleurs mauves odorantes. Fines feuilles gris-vert. Situation chaude et ensoleillée.

Verbena corymbosa 'Gravetye'
VERVEINE
☼ ❄❄ ↕ 90 cm ↔ 60 cm

Cette vivace est très décorative lors de sa longue floraison estivale en bouquets denses de fleurs rose pourpré à œil blanc, qui répandent un doux parfum.

FEUILLAGES DÉCORATIFS

CONTRASTE DÉLICAT *Le feuillage léger et très découpé du* Dicentra *s'harmonise avec les feuilles ovales, tachetées d'argent, d'un* Lamium.

SI LES FLORAISONS sont souvent assez brèves, les feuillages contribuent durablement à l'atmosphère des lieux. Les plantes vivaces aux feuilles de formes, textures et teintes contrastées égaient massifs et plates-bandes !

Hosta 'Big Daddy' aux grandes feuilles élégantes

Les feuillages jouent un rôle permanent au jardin, à la fois pour mettre en valeur les floraisons et comme élément essentiel des plantations. Les plantes vivaces présentées dans cette partie offrent une vaste palette de formes, teintes et dispositions des feuilles, et permettent de créer des effets très spectaculaires. Les vivaces à grandes feuilles comme la rhubarbe d'ornement (*Rheum*) peuvent faire des sujets isolés intéressants, ou bien structurer un massif. Les feuillages décoratifs sont précieux également dans les plantations en pots ou en bacs, qui peuvent être facilement changés. Les feuillages très colorés sont souvent associés à l'automne, mais il existe aussi des espèces à feuillage panaché ou coloré toute l'année. Parfaites pour égayer un massif un peu terne, ces plantes peuvent en outre éclairer les coins d'ombre où d'autres plantes ont du mal à fleurir. En hiver, les vivaces à feuillage persistant, comme les bergénias ou certaines fougères, apportent encore de la vie dans le jardin endormi.

CARACTÉRISTIQUES DU FEUILLAGE

La disposition des feuilles, leur forme et leur teinte sont des éléments à prendre en compte pour créer contrastes et effets de feuillage avec des plantes vivaces.

LA DISPOSITION des feuilles est caractéristique d'une plante. Tenez-en compte pour mettre en valeur des textures variées.

FORME ET TAILLE permettent toutes sortes de contrastes. Les feuilles finement découpées, à bord épineux ou denté créent des effets très variés.

LA TEINTE des feuilles permet de composer un fond de feuillage apaisant ou au contraire d'éclairer les coins ombragés du jardin.

◁ POTÉE COLORÉE Hakonechloa, *à feuillage rayé de jaune, et* Acaena, *à feuillage bleuté, contrastent ici avec* Imperata, *à port dressé.*

▷ FEUILLAGES SPECTACULAIRES *Les vivaces à grandes feuilles décoratives font de beaux sujets, isolés ou en association dans un massif.*

Vivaces à feuillage persistant

En hiver, lorsque la plupart des vivaces herbacées ont totalement disparu de la surface du sol, il est important d'avoir encore, ici et là dans les massifs et les plates-bandes, des espèces qui conservent un feuillage décoratif. Même dépourvues de fleurs, ces plantes assurent un décor permanent au jardin, où elles forment un centre d'intérêt.

Asarum europaeum
ASARET
☼ ◐ ❄❄❄ ↕ 8 cm ↔ 30 cm

C'est un excellent couvre-sol, décoratif toute l'année. Au printemps, le tapis dense de feuilles réniformes brillantes cache de curieuses petites fleurs brunes.

Helleborus argutifolius
HELLÉBORE DE CORSE
☼ ◐ ❄❄❄ ↕↔ 90 cm

C'est une belle plante que l'on peut admirer toute l'année, à tiges vert pâle persistantes, à feuilles dentées, brillantes, et à floraison vert clair en fin d'hiver.

Kniphofia caulescens
TISON DE SATAN
☼ ◐ ❄❄❄ ↕ 1,20 m ↔ 90 cm

C'est une espèce imposante dont les grandes touffes de feuilles gris-bleuté, finement dentées, sont couronnées en fin d'été de longs épis rouge corail virant ensuite au jaune.

Bergenia cordifolia 'Purpurea'
BERGÉNIA
☼ ◐ ❄❄❄ ↕ 60 cm ↔ 75 cm

Les feuilles coriaces, arrondies, vert vif, en touffes basses, se teintent de pourpre en hiver. Floraison rouge magenta pourpré en hiver et en début de printemps.

Iris foetidissima 'Variegata'
IRIS GIGOT
☼ ◐ ❄❄❄ ↕↔ 60 cm

Cette belle variété panachée de l'iris gigot a des feuilles persistantes rubanées, vert brillant bordées de blanc. Fleurs estivales pourpres, suivies de baies orangées.

Phormium cookianum ssp. *hookeri* 'Tricolor'
☼ ❄❄ ↕↔ 2 m

C'est l'une des vivaces à feuillage persistant les plus colorées, en large touffe de grandes feuilles arquées, coriaces, vert brillant panaché de jaune crème et de rouge.

Polypodium vulgare 'Cornubiense'
POLYPODE
☼ ◐ ❄❄❄ ↕↔ 40 cm

Les frondes très divisées, vert profond, de cette fougère vigoureuse, à port rampant, font un excellent couvre-sol. Intéressante en rocaille ou en bac.

Pulmonaria saccharata 'Leopard'
PULMONAIRE
◐ ● ❄❄❄ ↕ 30 cm ↔ 60 cm

Cette pulmonaire très décorative, à feuillage persistant maculé d'argent, est précieuse comme couvre-sol. Floraison rouge violacé de la fin de l'hiver à la fin du printemps.

Tellima grandiflora
TELLIMA
◐ ❄❄❄ ↕ 80 cm ↔ 30 cm

Les touffes de feuilles en cœur, crénelées, duveteuses, sont persistantes, sauf en cas d'hiver rigoureux. Épis lâches de fleurs blanc verdâtre au printemps.

AUTRES VIVACES À FEUILLAGE PERSISTANT

Astelia chathamica
Bergenia 'Bressingham Ruby'
Epimedium pinnatum ssp. *colchicum*
Helleborus foetidus 'Wester Flick'
Iris japonica
Liriope muscari 'Variegata'
Pachysandra terminalis
Phlomis russeliana
Phormium tenax
Polystichum munitum
Polystichum setiferum 'Divisilobum'
Santolina chamaecyparissus
Shibataea kumasasa
Waldsteinia ternata
Yucca filamentosa

Vinca minor 'Argenteovariegata'
PETITE PERVENCHE
☼ ◐ ❄❄❄ ↕ 15 cm ↔ indéfinie

Toutes les pervenches font d'excellents couvre-sol, mais celle-ci a l'attrait de feuilles bordées de crème. Fleurs bleu-violet au printemps et en automne.

Vivaces à feuilles rubanées ou ensiformes

LES VIVACES EN TOUFFES de longues feuilles étroites font toujours beaucoup d'effet. Que leurs feuilles soient raides et dressées ou gracieusement arquées, toutes ces espèces sont particulièrement précieuses au jardin pour créer des contrastes avec des feuillages plus classiques dans les massifs ou bien comme spécimen isolé.

Arundo donax 'Macrophylla'
CANNE DE PROVENCE
☼ ❄❄❄ ↕ 5 m ↔ 2 m

Cette graminée géante, à feuillage persistant, porte de longues feuilles arquées et des tiges terminées en épis plumeux en été. Situation chaude et abritée.

Eryngium agavifolium
PANICAUT À FEUILLES D'AGAVE
☼ ❄❄ ↕ 1,20 m ↔ 60 cm

Les feuilles persistantes lustrées, à dents épineuses, forment une touffe dense dominée par des tiges robustes aux inflorescences de petites fleurs verdâtres en été.

Iris pseudacorus 'Variegata'
IRIS DES MARAIS
☼ ☀ ❄❄❄ ↕↔ 1,20 m

Cet iris vigoureux pousse en zones humides, en large touffe de grandes feuilles vertes rayées de crème ou de jaune pâle. En été, floraison jaune.

VIVACES À FEUILLAGE PERSISTANT ET FEUILLES RUBANÉES OU ENSIFORMES

Beschorneria yuccoides
Crocosmia paniculata
Dianella tasmanica
Eryngium decaisneana
Eryngium eburneum
Iris confusa
Iris foetidissima
Watsonia pillansii
Yucca filamentosa
Yucca recurvifolia

Crocosmia 'Lucifer'
MONTBRETIA
☼ ☀ ❄❄ ↕ 1,20 m ↔ 45 cm

C'est une vivace très colorée, en touffes de robustes feuilles en forme de glaive. Les longs épis ramifiés, rouge brillant, formés en été, tiennent bien en bouquet.

Hemerocallis 'Gentle Shepherd'
HÉMÉROCALLE
☼ ☀ ❄❄❄ ↕ 65 cm ↔ 1,20 m

Pendant l'été, les larges touffes de feuilles étroites, arquées, semi-persistantes, sont couronnées de fleurs très ouvertes, blanc ivoire à gorge verte.

Iris sibirica 'Perry's Blue'
IRIS DE SIBÉRIE
☼ ☀ ❄❄❄ ↕ 1,20 m ↔ 1 m

Les touffes dressées de fines feuilles étroites sont couronnées en début d'été par des fleurs bleu-violet sur des tiges raides. Capsules de graines décoratives également.

Kniphofia 'Wrexham Buttercup'
TISON DE SATAN
☼ ❄❄❄ ↕ 1,20 m ↔ 60 cm

Les longues feuilles étroites, arquées, sont réunies en touffes denses. En été, épis denses de fleurs tubulées jaune soutenu portés sur des tiges raides, robustes.

Persicaria macrophylla
RENOUÉE
☼ ◑ ❄❄❄ ↕↔ 30 cm

C'est une vivace à feuillage semi-persistant lancéolé, à nervures marquées. Des épis denses de petites fleurs rose à rouge se succèdent de l'été à l'automne.

Phormium tenax
LIN DE NOUVELLE-ZÉLANDE
☼ ❄❄ ↕ 4 m ↔ 2 m

Cette vivace ne manque pas d'attirer l'attention, avec ses longues feuilles persistantes ensiformes, gris bleuté, et ses imposantes panicules de fleurs cireuses rouges.

Sisyrinchium striatum 'Aunt May'
SISYRINCHIUM
☼ ❄❄❄ ↕ 50 cm ↔ 30 cm

Vivace proche des iris, elle a des feuilles ensiformes gris-vert rayées de crème, disposées en éventail. Épis raides de petites fleurs jaune paille en été.

Yucca flaccida
YUCCA
☼ ❄❄❄ ↕ 55 cm ↔ 1,50 m

Cette vivace en rosette de feuilles persistantes étroites, vert bleuté foncé, à bord hérissé de filaments, porte de grandes inflorescences ivoire en été.

VIVACES HERBACÉES À FEUILLES RUBANÉES OU ENSIFORMES

Agapanthus 'Blue Giant'
Asphodelus albus
Bletilla striata
Crinum × *powellii*
Crocosmia 'Emily McKenzie'
Gladiolus communis ssp. *byzantinus*
Hemerocallis fulva 'Flore Pleno'
Iris germanica
Kniphofia 'Royal Standard'
Moraea spathulata
Nerine bowdenii

Vivaces à feuillage très découpé

ÉTANT DONNÉ LE NOMBRE important de vivaces à feuilles entières, les plantes à feuillage profondément découpé ou divisé sont très recherchées pour les compositions de feuillages contrastés. Il existe également quantité d'espèces et de variétés de ce type, souvent agrémentées d'une floraison décorative.

Astilbe 'Bronze Elegans'
ASTILBE
☼ ◑ ❄❄❄ ↕ 30 cm ↔ 25 cm

C'est l'une des plus petites et des plus gracieuses astilbes, en touffes de feuilles vert foncé, lustrées, finement découpées. Petits plumets rouge rosé en fin d'été.

Incarvillea delavayi
INCARVILLÉE
☼ ◑ ❄❄❄ ↕ 60 cm ↔ 30 cm

Les feuilles décoratives, grandes, vert foncé, très divisées, sont agrémentées en été par une magnifique floraison rose vif de fleurs en trompette.

Cimicifuga simplex 'Atropurpurea'
CIERGE D'ARGENT
◑ ❄❄❄ ↕ 1,20 m ↔ 60 cm

Les touffes lâches de grandes feuilles divisées, vert foncé à pourpré, sont dominées en automne par de longs épis cylindriques de petites fleurs blanches.

Ligularia przewalskii
LIGULAIRE
☼ ◑ ❄❄❄ ↕ 2 m ↔ 1 m

Cette grande plante vivace est facile à reconnaître, avec ses touffes amples de feuilles arrondies très découpées et ses longs épis jaunes à tige noire en été.

Rodgersia henrici
RODGERSIA
☼ ◑ ❄❄❄ ↕↔ 1 m

Tous les rodgersias ont un feuillage décoratif ; celui-ci tout particulièrement, avec ses feuilles semblables à celles du marronnier et ses plumets roses ou blancs en été.

Senecio tanguticus
SÉNEÇON
☼ ◑ ❄❄❄ ↕ 1,20 m ↔ indéfinie

Le rhizome rampant, parfois envahissant, produit de robustes tiges sombres aux feuilles profondément découpées. En automne, grandes inflorescences coniques jaunes.

AUTRES VIVACES À FEUILLAGE TRÈS DÉCOUPÉ

- *Acanthus spinosus*
- *Aconitum* × *cammarum* 'Bicolor'
- *Astrantia major* 'Shaggy'
- *Kirengeshoma palmata*
- *Ligularia japonica*
- *Podophyllum peltatum*
- *Rheum palmatum* var. *tanguticum*
- *Rodgersia pinnata*
- *Rodgersia podophylla*

Vivaces à feuillage plumeux

CERTAINES PLANTES VIVACES ont un feuillage finement divisé évoquant celui des fougères. Ces jolis feuillages délicats mettent parfaitement en valeur les plantes à grandes feuilles entières ou les floraisons colorées. Ces espèces peuvent aussi être plantées en pots ou en bacs ou encore s'épanouir en touffe isolée dans le jardin.

Adiantum pedatum
CAPILLAIRE
☀ ❄❄❄ ↕↔ 40 cm

En situation abritée, humide, cette charmante fougère rustique forme peu à peu une large touffe aux frondes délicates, finement divisées, à tiges noires.

Aruncus aethusifolius
BARBE-DE-BOUC
☀ ☀ ❄❄❄ ↕ 25 cm ↔ 40 cm

Les jolies touffes de feuilles vert vif finement divisées se teintent de jaune ou d'orangé en automne. Petits plumets de minuscules fleurs blanches en été.

Corydalis cheilanthifolia
CORYDALE
☼ ☀ ❄❄❄ ↕ 30 cm ↔ 25 cm

Chaque feuille finement divisée, vert teinté d'orangé, évoque une plume. Fines inflorescences jaunes au printemps et en été. Se ressème en conditions favorables.

Foeniculum vulgare 'Purpureum'
FENOUIL BRONZE
☼ ❄❄❄ ↕ 1,80 m ↔ 50 cm

Ce fenouil aromatique a des feuilles plumeuses très fines, d'abord teintées de bronze pourpré, puis virant au vert bleuté. Ombelles de fleurs jaunes en été.

Meum athamanticum
BAUDRÉMOINE COMMUNE
☼ ❄❄❄ ↕ 45 cm ↔ 30 cm

Comme le fenouil, c'est un membre de la famille de la carotte, au feuillage aromatique plumeux, très fin. Inflorescences denses de minuscules fleurs blanches.

AUTRES VIVACES À FEUILLAGE PLUMEUX

Achillea millefolium 'Cerise Queen'
Adiantum venustum
Adonis vernalis
Argyranthemum foeniculaceum 'Chelsea Girl'
Artemisia canescens
Equisetum sylvaticum
Myrrhis odorata
Polystichum setiferum 'Plumoso-divisilobum'
Pulsatilla vulgaris

Onychium japonicum
ONYCHIUM
☼ ☀ ❄❄❄ ↕ 50 cm ↔ 30 cm

C'est une fougère élégante, en touffe dense de frondes vert vif finement divisées, à tiges grêles. Certaines variétés peu rustiques doivent être cultivées sous serre.

Vivaces à feuillage très épineux

Les plantes à feuillage très épineux plaisent à de nombreux jardiniers. Souvent imposantes et extrêmement décoratives, elles font de beaux sujets isolés ou contribuent à structurer les massifs. Certaines sont particulièrement précieuses en terrain sec, les épines de leurs feuilles les protégeant contre les pertes d'eau par évaporation.

Acanthus spinosus 'Spinosissimus'
Acanthe
☼ ◐ ❄❄❄ ↕ 1,20 m ↔ 60 cm

De grandes feuilles très divisées, vertes, à nervure médiane blanche et bord épineux, portent des grappes de fleurs blanches à bractées pourpres, au printemps et en été.

Aciphylla aurea
Aciphylla
☼ ❄❄❄ ↕↔ 1 m

La plante est à croissance lente, en rosette imposante de feuilles persistantes raides, à pointe épineuse, gris-vert à bord et nervure centrale jaune d'or.

Eryngium maritimum
Chardon bleu maritime
☼ ❄❄❄ ↕↔ 30 cm

Présent à l'état spontané sur les côtes sableuses, ce chardon des bords de mer a des feuilles épineuses, profondément lobées, coriaces, gris-bleu. Floraison bleu pâle.

Eryngium variifolium
Panicaut à feuilles variables
☼ ❄❄❄ ↕ 35 cm ↔ 25 cm

Le beau feuillage persistant forme des rosettes de feuilles veinées d'argent. En été, les tiges ramifiées portent des inflorescences gris-bleu à collerette épineuse.

Autres vivaces à feuillage très épineux

Aciphylla squarrosa
Cirsium japonicum
Cirsium rivulare 'Atropurpureum'
Echinops sphaerocephalus
Eryngium amethystinum
Eryngium spinalba
Eryngium yuccifolium
Festuca punctoria
Puya alpestris
Yucca gloriosa

Puya chilensis
Puya
☼ ❄❄❄ ↕ 4 m ↔ 2 m

Au bout de plusieurs années, une longue hampe aux fleurs cireuses jaune-vert émerge de l'imposante rosette de feuilles épineuses, coriaces, persistantes.

Vivaces à feuillage aromatique

LES PARFUMS JOUENT un rôle particulièrement important au jardin. La notion de senteur est généralement associée aux fleurs, mais le feuillage de certaines vivaces peut également répandre une fragrance caractéristique, plus ou moins marquée. Dans bien des cas, c'est lorsqu'on effleure le feuillage au passage que se dégagent ces délicieux effluves.

Agastache foeniculum 'Alabaster'
AGASTACHE
☼ ❄❄❄ ↕ 90 cm ↔ 30 cm

Le feuillage duveteux, au parfum anisé, vert pâle en dessous, est dominé de la mi-été à l'automne par des épis de fleurs blanches appréciées des abeilles.

Helichrysum italicum
HELICHRYSUM
☼ ❄❄ ↕ 60 cm ↔ 90 cm

Le fin feuillage aromatique persistant habille les tiges laineuses de ce sous-arbrisseau ou cette vivace à souche ligneuse. Inflorescences jaune foncé en été.

Nepeta 'Six Hills Giant'
NÉPÉTA
☼ ◐ ❄❄❄ ↕ 90 cm ↔ 60 cm

Cette plante buissonnante, en touffe dense, porte des feuilles aromatiques gris-vert clair et, en été, des épis de fleurs bleu violacé. Attire les chats.

AUTRES VIVACES À FEUILLAGE AROMATIQUE

Acorus calamus 'Variegatus'
Foeniculum vulgare 'Purpureum'
Helichrysum italicum ssp. *serotinum*
Ipheion uniflorum 'Wisley Blue'
Melittis melissophyllum
Mentha gentilis 'Variegata'
Mentha × *piperita* f. *citrata*
Mentha suaveolens 'Variegata'
Myrrhis odorata
Origanum vulgare
Perovskia 'Blue Spire'

Chamaemelum nobile 'Flore Pleno'
CAMOMILLE ROMAINE
☼ ❄❄❄ ↕ 30 cm ↔ 45 cm

Cette petite vivace aromatique forme des tapis denses de feuilles velues finement divisées. Les fleurs blanches doubles se succèdent tout l'été.

Melissa officinalis
MÉLISSE
☼ ◐ ❄❄❄ ↕ 1 m ↔ 60 cm

Les feuilles froissées de cette vivace buissonnante dégagent un fort parfum citronné. En été, les tiges quadrangulaires portent des épis de fleurs jaune pâle.

Salvia officinalis 'Icterina'
SAUGE OFFICINALE
☼ ❄❄❄ ↕↔ 30 cm

C'est une belle variété panachée de la classique sauge officinale, en touffe basse, ligneuse, à feuillage aromatique persistant, duveteux, panaché de vert et de jaune.

Vivaces à grandes feuilles

LES VIVACES À FEUILLAGE REMARQUABLE, imposant, comme les hostas ou les rhubarbes d'ornement, offrent un spectacle durable dans un jardin. Quand l'espace le permet, elles peuvent être plantées en grands groupes de feuillages impressionnants. Mais elles ne feront pas moins d'effet si elles sont cultivées en sujet isolé dans un petit jardin.

AUTRES VIVACES HERBACÉES À GRANDES FEUILLES

Darmera peltata
Filipendula rubra 'Venusta'
Gunnera manicata
Hedychium gardnerianum
Hosta sieboldiana
Inula magnifica
Petasites japonicus 'Giganteus'
Rodgersia aesculifolia
Silphium terebinthinaceum
Veratrum album

Aralia cachemirica
ARALIA DU CACHEMIRE
☼ ◐ ❄❄❄ ↕ 3 m ↔ 2 m

Dans de bonnes conditions, cette plante forme une gigantesque touffe de feuilles arquées, divisées. Floraison discrète en début d'été, suivie de baies noires.

Dicksonia antarctica
FOUGÈRE ARBORESCENTE
☼ ◐ ❄❄ ↕ 6 m ↔ 4 m

Cette fougère majestueuse, issue d'un rhizome, forme un faux tronc dressé, entouré d'épaisses racines et couronné d'une gigantesque touffe de frondes.

Astilboides tabularis
ASTILBOIDES
☼ ❄❄❄ ↕ 1,50 m ↔ 1,20 m

De fins plumets blanc crème se développent en été au-dessus des larges touffes de grandes feuilles arrondies, lobées et dentées, duveteuses. Pour sol humide.

AUTRES VIVACES PERSISTANTES À GRANDES FEUILLES

Beschorneria yuccoides
Geranium maderense
Helleborus argutifolius
Miscanthus sacchariflorus
Onopordum acanthium
Phormium cookianum ssp. *hookeri* 'Tricolor'
Phormium tenax
Wachendorfia thyrsiflora
Yucca gloriosa

Filipendula purpurea
FILIPENDULE
☼ ◐ ❄❄❄ ↕ 1,20 m ↔ 60 cm

Les grandes feuilles profondément lobées et dentées, en touffes dressées à tiges pourpres, sont surmontées de longs plumets de petites fleurs rose carminé en été.

Geranium palmatum
GÉRANIUM VIVACE
☼ ◐ ❄❄❄ ↕↔ 1 m

Des inflorescences ramifiées, rose pourpré, dominent en été les larges rosettes de feuilles persistantes profondément lobées, dentées, à long pétiole.

Hosta 'Big Daddy'
HOSTA
◐ ● ❄❄❄ ↕ 60 cm ↔ 1 m

Cet hosta forme des touffes amples de feuilles arrondies à cordiformes, veinées et gaufrées, gris bleuté. Floraison estivale blanche teintée de gris.

Rheum 'Ace of Hearts'
RHUBARBE D'ORNEMENT
☼ ◐ ❄❄❄ ↕ 1,20 m ↔ 90 cm

Les touffes impressionnantes de feuilles en cœur, à nervures rouges au-dessus, teintées de pourpre en dessous, portent des inflorescences ramifiées blanc rosé en été.

Rheum palmatum var. *tanguticum*
RHUBARBE D'ORNEMENT
☼ ◐ ❄❄❄ ↕ 2,50 m ↔ 1,80 m

Jeunes, les énormes feuilles à bord lobé et dentées sont teintées de rouge. En été, longues inflorescences rouges, roses ou blanches. Superbe au bord de l'eau.

Symplocarpus foetidus
SYMPLOCARPUS
☼ ◐ ❄❄❄ ↕↔ 60 cm

Les curieuses fleurs en capuchon rouge pourpré, au printemps, sont suivies de larges touffes de feuilles assez coriaces. Excellente plante de marécage.

Telekia speciosa
TELEKIA
◐ ❄❄❄ ↕ 2 m ↔ 1,20 m

Cette plante forme une grande touffe de tiges ramifiées, à feuilles en cœur et fleurs en marguerite jaunes à cœur devenant brun, en fin d'été et en automne.

Veratrum viride
VÉRÂTRE
☼ ◐ ❄❄❄ ↕ 2 m ↔ 60 cm

Les belles touffes de feuilles plissées, vert soutenu, qui se développent au printemps, sont plus remarquables que les longs épis vert jaunâtre en été.

Vivaces à feuillage panaché de jaune ou de doré

LES VIVACES ET GRAMINÉES à feuillage rayé, ponctué ou maculé de jaune ou de doré créent des notes chaudes et lumineuses dans les massifs dominés par des feuillages sombres. Ces plantes peuvent aussi faire de beaux sujets isolés, quand elles sont cultivées en pots ou dans une petite plate-bande.

Aquilegia vulgaris Groupe Vervaeneana
ANCOLIE
☼ ◐ ❄❄❄ ↕ 90 cm ↔ 45 cm

Les feuilles légères, divisées, de cette curieuse variété d'ancolie sont joliment mouchetées de jaune. Floraison printanière blanche, rose ou pourpre.

Convallaria majalis 'Hardwick Hall'
MUGUET
☼ ❄❄❄ ↕ 25 cm ↔ 30 cm

Cette variété rare du traditionnel muguet forme peu à peu des touffes de tiges dressées, à paires de feuilles vert vif bordées d'une fine bande crème.

Hakonechloa macra 'Aureola'
HAKONECHLOA
☼ ◐ ❄❄❄ ↕ 35 cm ↔ 40 cm

Cette superbe graminée forme une touffe basse de feuilles jaunes rayées de vert. En automne, le feuillage se teinte de rouge, dominé par des panicules légères.

AUTRES VIVACES À FEUILLAGE PANACHÉ DE JAUNE OU DE DORÉ

Hosta fortunei 'Aureomarginata'
Hosta 'Great Expectations'
Hosta montana 'Aureomarginata'
Hosta ventricosa 'Aureomarginata'
Mentha × *gentilis* 'Variegata'
Phormium 'Yellow Wave'
Polygonatum odoratum 'Variegatum'
Salvia officinalis 'Aurea'
Saxifraga × *urbium* 'Aureopunctata'

Carex hachijoensis 'Evergold'
LAÎCHE
☼ ◐ ❄❄❄ ↕ 30 cm ↔ 35 cm

Cette plante basse forme une touffe dense de feuilles persistantes arquées, linéaires, vert foncé, avec une large bande médiane jaune crème.

Cortaderia selloana 'Aureolineata'
HERBE DES PAMPAS
☼ ❄❄❄ ↕ 2,20 m ↔ 1,50 m

C'est une variété panachée de la grande graminée à feuillage persistant. Feuilles arquées à bord acéré, bordées de jaune, et longs plumets de teinte crème.

Hosta 'Gold Standard'
HOSTA
◐ ❄❄❄ ↕ 65 cm ↔ 1 m

Cette vivace très décorative forme des touffes de feuilles cordiformes, jaune-vert à bord vert. Floraison bleu lavande sur de longues tiges, en été.

Hosta ventricosa 'Variegata'
HOSTA
◐ ❄❄❄ ↕ 50 cm ↔ 1 m

De larges touffes de feuilles en cœur, de teinte vert foncé, sont soulignées d'une bordure jaune irrégulière virant ensuite au blanc crème. Floraison pourpre en été.

Iris pallida 'Variegata'
IRIS DE FLORENCE
☼ ❄❄❄ ↕ 1,20 m ↔ 60 cm

Cette belle vivace à feuillage panaché pousse en touffes de feuilles ensiformes, vertes ou gris-vert rayé de jaune clair. Floraison bleue parfumée en fin de printemps.

Miscanthus sinensis 'Zebrinus'
EULALIE
☼ ❄❄❄ ↕↔ 1,20 m

Cette grande graminée est très intéressante en sujet isolé. Les larges touffes de tiges fines portent des feuilles linéaires, vert rayé de blanc ou de jaune pâle.

Symphytum 'Goldsmith'
CONSOUDE
☼ ◐ ❄❄❄ ↕↔ 30 cm

C'est un magnifique couvre-sol à port rampant, en tapis de feuilles duveteuses irrégulièrement bordées de doré ou de crème. Floraison bleue teintée de rose au printemps.

Tolmiea menziesii 'Taff's Gold'
TOLMIÉE
◐ ● ❄❄❄ ↕ 50 cm ↔ 60 cm

Les touffes lâches de feuilles semi-persistantes, joliment lobées et duveteuses, sont vert pâle ponctué de crème et de jaune pâle. Floraison insignifiante.

Trifolium pratense 'Susan Smith'
TRÈFLE
☼ ❄❄❄ ↕ 15 cm ↔ 45 cm

Le feuillage caractéristique de trèfle de cette vivace tapissante et l'originalité des nervures joliment soulignées de jaune d'or produisent un effet lumineux.

Yucca flaccida 'Golden Sword'
YUCCA
☼ ❄❄❄ ↕ 1,50 m ↔ 1 m

Cette robuste vivace à feuillage persistant, en longues feuilles raides, ensiformes, vert bleuté à bande centrale jaune, porte des panicules de clochettes blanches en fin d'été.

AUTRES GRAMINÉES RAYÉES DE JAUNE

Alopecurus pratensis 'Aureovariegatus'
Glyceria maxima 'Variegata'
x *Hibanobambusa tranquilans* 'Shirobana'
Miscanthus sinensis 'Goldfeder'
Miscanthus sinensis 'Univittatus'
Molinia caerulea 'Variegata'
Phragmites australis 'Variegatus'
Pleioblastus auricomus
Spartina pectinata 'Aureomarginata'

Vivaces à feuillage panaché de blanc ou de crème

IL EXISTE CURIEUSEMENT bien plus de plantes vivaces à feuillage panaché de blanc ou de crème que d'espèces dont les feuilles sont marquées de jaune. Ces feuillages rayés, tachés, ponctués, marbrés ou ourlés de blanc permettent de réaliser de beaux contrastes avec des tons de vert ou de pourpre unis et peuvent éclairer des coins sombres du jardin.

Armoracia rusticana 'Variegata'
RAIFORT
☼ ❄❄❄ ↕ 1 m ↔ 45 cm

Cette variété panachée du traditionnel raifort forme une large touffe de grandes feuilles grossières, entièrement ou partiellement blanches. Floraison blanche.

Convallaria majalis 'Albostriata'
MUGUET
☀ ❄❄❄ ↕ 25 cm ↔ 30 cm

Cette belle variété panachée du classique muguet a des feuilles rayées de blanc crème dans la longueur. Bouquets de clochettes blanches, parfumées, au printemps.

Hemerocallis fulva 'Kwanzo Variegata'
HÉMÉROCALLE
☼ ❄❄❄ ↕ 75 cm ↔ 1,20 m

Les longues feuilles arquées, rubanées, rayées de blanc, en touffe dense, ont des fleurs doubles brun orangé en été, portées par des tiges robustes, dressées.

Brunnera macrophylla 'Dawson's White'
BRUNNERA
☀ ❄❄❄ ↕ 45 cm ↔ 60 cm

Au printemps, les touffes basses de feuilles duveteuses, en cœur, irrégulièrement bordées de blanc crème, sont dominées par des bouquets de fines fleurs bleues.

Euphorbia characias ssp. *wulfenii* 'Burrow Silver' **EUPHORBE**
☼ ❄❄ ↕↔ 1,20 m

Cette vivace buissonnante à souche ligneuse et feuillage persistant dense, gris-vert bordé de crème, porte, au printemps et en été, des inflorescences arrondies, jaune-vert.

Hosta 'Shade Fanfare'
HOSTA
☀ ❄❄❄ ↕ 45 cm ↔ 60 cm

C'est un excellent couvre-sol, dont les touffes de grandes feuilles cordiformes à bordure crème irrégulière virent progressivement au blanc. Floraison bleu lavande en été.

Phlox paniculata 'Harlequin'
PHLOX VIVACE
☼ ❄❄❄ ↕ 1,20 m ↔ 1 m

Les robustes touffes de tiges dressées portent des feuilles largement bordées de crème et sont couronnées en été de panicules de fleurs pourpres

Symphytum × *uplandicum* 'Variegatum'
CONSOUDE
☼ ◐ ❄❄❄ ↕ 90 cm ↔ 60 cm

Cette vivace robuste, à enracinement profond, porte en touffe de grandes feuilles largement bordées de blanc. Floraison bleu et rose en début d'été sur des tiges panachées.

AUTRES VIVACES À FEUILLAGE PANACHÉ DE BLANC OU DE CRÈME

Astrantia major 'Sunningdale Variegated'
Brunnera macrophylla 'Hadspen Cream'
Glechoma hederacea 'Variegata'
Iris pallida 'Argentea Variegata'
Mentha suaveolens 'Variegata'
Polemonium caeruleum 'Brise d'Anjou'
Polygonatum × *hybridum* 'Variegatum'
Scrophularia auriculata 'Variegata'

Physostegia virginiana 'Variegata'
FLEUR CHARNIÈRE
☼ ◐ ❄❄❄ ↕↔ 45 cm

Les tiges dressées, comme les feuilles, qui ressemblent à celles du saule, sont gris-vert panaché de blanc. Longs épis de fleurs rouge rosé en fin d'été.

Myosotis scorpioides 'Maytime'
MYOSOTIS DES MARAIS
◐ ❄❄❄ ↕↔ 30 cm

Le feuillage très panaché de cette plante de bord des eaux est largement bordé de blanc. Bouquets de petites fleurs bleu vif caractéristiques en début d'été.

Pulmonaria 'Roy Davidson'
PULMONAIRE
◐ ● ❄❄❄ ↕ 30 cm ↔ 60 cm

Ce bon couvre-sol à feuilles semi-persistantes, velues, tachetées de blanc, porte en début de printemps des bouquets de fleurs tubulées rouge et bleu. Se ressème.

Vinca major 'Variegata'
GRANDE PERVENCHE
☼ ◐ ❄❄❄ ↕ 45 cm ↔ 2 m

C'est une vivace à croissance rapide, port rampant et tapissant, à belles feuilles persistantes bordées de crème. La floraison est bleu-violet pâle, en fin d'hiver et au printemps.

Vivaces à feuillage jaune ou doré

DE NOMBREUSES VIVACES de jardin ont donné des « sports » (mutations spontanées) à feuilles suffusées de jaune ou de doré. Chez certaines, la coloration est surtout marquée au printemps, tandis que d'autres la conservent tout l'été. Toutes permettent de créer des contrastes de feuillages ou d'apporter une touche lumineuse dans un jardin trop sombre.

Aquilegia 'Mellow Yellow'
ANCOLIE
◐ ❄❄❄ ↕60 cm ↔45 cm

C'est une variété originale de la traditionnelle ancolie, à feuillage doré au printemps, devenant jaune-vert en été, lorsque apparaissent les fleurs, de blanc à bleu.

Carex elata 'Aurea'
LAÎCHE
☼ ◐ ❄❄❄ ↕70 cm ↔90 cm

L'une des plus belles vivaces à feuillage doré pour le bord des eaux pousse en touffe de feuilles arquées, graminiformes, jaune d'or. Superbe près d'un bassin.

Hosta 'Midas Touch'
HOSTA
◐ ● ❄❄❄ ↕50 cm ↔65 cm

S'il existe de nombreux hostas à feuillage doré, celui-ci est l'un des plus beaux, avec ses grandes feuilles gaufrées. Floraison bleu lavande en été.

Lamium maculatum 'Cannon's Gold'
LAMIER TACHETÉ
◐ ❄❄❄ ↕20 cm ↔1 m

Le feuillage semi-persistant, denté, de cette vivace rampante forme un tapis jaune doux au printemps et en été. Floraison rose-mauve en début d'été.

Campanula garganica 'Dickson's Gold'
CAMPANULE
☼ ◐ ❄❄❄ ↕5 cm ↔30 cm

C'est une charmante vivace en petits coussinets de fines feuilles dentées, qui virent au jaune d'or en été, tout en se couvrant de petites fleurs bleu-violet.

Centaurea montana 'Gold Bullion'
BARBEAU DES MONTAGNES
☼ ❄❄❄ ↕45 cm ↔60 cm

C'est une belle variante à feuillage doré de ce classique des jardins. La coloration marquée au printemps et en début d'été met en valeur les grandes fleurs bleues.

Lysimachia nummularia 'Aurea'
HERBE-AUX-ÉCUS
☼ ◐ ❄❄❄ ↕5 cm ↔indéfinie

Cette plante est précieuse pour son feuillage très coloré, en tapis persistant qui vire au jaune verdâtre à l'ombre. Floraison jaune en été.

Melissa officinalis 'All Gold'
MÉLISSE
☼ ❄❄❄ ↕↔ 60 cm

Cette vivace buissonnante forme une touffe dense au parfum citronné, aux feuilles et tiges suffusées de jaune. Remarquable au printemps et en début d'été.

Stachys byzantina 'Primrose Heron'
ÉPIAIRE
☼ ❄❄❄ ↕ 45 cm ↔ 60 cm

Cette vivace vigoureuse s'étend en tapis dense à feuilles persistantes duveteuses et veloutées, suffusées de jaune au printemps et en début d'été.

Tanacetum vulgare 'Isla Gold'
TANAISIE
☼ ❄❄❄ ↕↔ 90 cm

C'est la forme dorée d'une plante classique de jardin, en touffes dressées au feuillage finement divisé, aromatique, teinté de jaune. Floraison estivale jaune également.

Tradescantia x *andersoniana* 'Blue and Gold' **ÉPHÉMÈRE**
☼ ◑ ❄❄❄ ↕↔ 45 cm

Pendant l'été, les fleurs bleu vif à trois pétales sur des tiges charnues, dressées, contrastent avec les longues feuilles rubanées suffusées de jaune d'or.

Valeriana phu 'Aurea'
VALÉRIANE DORÉE
☼ ◑ ❄❄❄ ↕ 1,50 m ↔ 60 cm

Le principal attrait de cette grande plante est son feuillage printanier doré, qui vire progressivement au vert en été. Petites fleurs blanches en fin d'été.

AUTRES VIVACES À FEUILLAGE JAUNE OU DORÉ

Acanthus mollis 'Hollard's Gold'
Acorus gramineus 'Ogon'
Carex elata 'Bowle's Golden'
Deschampsia flexuosa 'Tatra Gold'
Filipendula ulmaria 'Aurea'
Hosta 'Golden Prayers'
Hosta 'Sum and Substance'
Hosta 'Zounds'
Lamium maculatum 'Aureum'
Luzula sylvatica 'Aurea'
Melissa officinalis 'Aurea'
Milium effusum 'Aureum'
Origanum vulgare 'Aureum'
Pleioblastus auricomus
Sagina subulata 'Aurea'
Thymus × *citriodorus* 'Golden Dwarf'
Veronica prostrata 'Trehane'

Vivaces à feuillage argenté ou gris bleuté

LES VIVACES À FEUILLAGE ARGENTÉ ou gris bleuté permettent de créer au jardin des transitions entre des plantes très colorées, dans les tons de rouge ou de pourpre, ou encore de varier les feuillages. Ces tons de gris mettent bien en valeur également les teintes pastel, notamment le rose, le lavande, le bleu pâle et le jaune. S'il existe un grand choix de vivaces argentées à introduire dans les massifs, vous pouvez aussi les utiliser en pots, avec des espèces à feuillage contrastant, ou les cultiver comme sujets isolés. La plupart de ces plantes apprécient une situation chaude et ensoleillée.

Anaphalis triplinervis 'Sommerschnee'
IMMORTELLE DE VIRGINIE
☼ ❄❄❄ ↕ 80 cm ↔ 60 cm

C'est une variété allemande d'une vivace classique. Les tiges grises portent des feuilles blanc laineux par-dessous. Bouquets denses de fleurs blanches en fin d'été.

Artemisia ludoviciana var. *albula*
ARMOISE
☼ ❄❄❄ ↕ 1 m ↔ 60 cm

Les touffes dressées de tiges fines, laineuses, portent de délicates feuilles dentées, aromatiques, blanc laineux, et des bouquets de fleurs blanches en été et en automne.

Cerastium tomentosum
CÉRAISTE TOMENTEUX
☼ ❄❄❄ ↕ 10 cm ↔ 1,50 m

L'un des meilleurs couvre-sol à feuillage gris, duveteux et persistant, pour les murets et talus ensoleillés, porte des fleurs blanches du printemps à l'automne.

Crambe maritima
CHOU MARIN
☼ ❄❄❄ ↕ 75 cm ↔ 60 cm

Ses dômes de grandes feuilles bleu-vert, lobées, ondulées et pruineuses en font une plante caractéristique. Inflorescences ramifiées blanches en début d'été.

Cynara cardunculus
CARDON
☼ ❄❄❄ ↕ 1,50 m ↔ 1,20 m

Les grandes feuilles très épineuses, divisées, gris argenté, forment des touffes imposantes. En été, larges inflorescences bleues sur des tiges ramifiées.

Dicentra 'Langtrees'
DICENTRA
☼ ❄❄❄ ↕ 30 cm ↔ 45 cm

C'est une plante charmante, au feuillage bleuté finement divisé, couronnée en fin de printemps et début d'été de bouquets pendants de fleurs blanches.

Galanthus caucasicus
PERCE-NEIGE
☼ ◐ ❄❄❄ ↕ 15 cm ↔ 10 cm

Ce vigoureux perce-neige finit par former des groupes importants, à larges feuilles vert bleuté et fleurs blanches pendantes, à segments internes marqués de vert.

VIVACES À FEUILLAGE PERSISTANT ARGENTÉ OU GRIS BLEUTÉ

Artemisia 'Powis Castle'
Astelia chathamica 'Silver Spear'
Euphorbia nicaeensis
Festuca glauca 'Blaufuchs'
Lavandula angustifolia
Santolina chamaecyparissus 'Cape Blanco'
Sedum spathulifolium
Stachys byzantina 'Big Ears'
Thymus pseudolanuginosus
Yucca glauca

Hosta 'Blue Moon'
HOSTA
◐ ❄❄❄ ↕ 10 cm ↔ 30 cm

Bien que de croissance lente, cet hosta mérite d'être cultivé pour son beau feuillage pruineux, bleuté, et ses grappes denses de fleurs mauves en été.

VIVACES HERBACÉES À FEUILLAGE ARGENTÉ OU GRIS BLEUTÉ

Achillea 'Moonshine'
Artemisia schmidtiana 'Nana'
Eryngium yuccifolium
Hosta 'Hadspen Blue'
Lychnis flos-jovis
Macleaya cordata
Nepeta sp. et cv.
Perovskia atriplicifolia
Rudbeckia maxima
Thalictrum aquilegiifolium

Helictotrichon sempervirens
HÉLICTOTRICHON
☼ ❄❄❄ ↕ 1,50 m ↔ 60 cm

C'est une belle graminée en touffe dense de fines feuilles persistantes raides, gris bleuté. En fin d'été, des inflorescences aux fins épillets s'ouvrent sur des tiges dressées.

Lysimachia ephemerum
LYSIMAQUE
☼ ◐ ❄❄❄ ↕ 1 m ↔ 30 cm

Les tiges dressées de cette vivace originale portent des feuilles pruineuses vert d'eau, étroites, et de fin épis effilés de petites fleurs blanches en été.

Verbascum olympicum
MOLÈNE
☼ ❄❄❄ ↕ 2 m ↔ 60 cm

Cette bisannuelle imposante forme une grande rosette de feuilles argentées, laineuses, le premier hiver, puis une longue inflorescence ramifiée à fleurs jaunes en été.

Vivaces à feuillage pourpre, rouge ou bronze

UTILISÉES À BON ESCIENT dans les plantations, les vivaces à feuillage de teinte inhabituelle, rouge, pourpre ou bronze, contrastent joliment avec des feuillages vert clair, gris, voire jaune. Chez certaines, comme *Cimicifuga simplex* 'Brunette', la coloration se maintient presque toute la saison, tandis que chez d'autres, les jeunes pousses et jeunes feuilles sont particulièrement colorées. La teinte, parfois, est encore soulignée d'une pruine pâle, comme c'est le cas chez certains orpins.

Artemisia lactiflora 'Guizhou'
ARMOISE
☼ ❄❄❄ ↕ 1,50 m ↔ 1 m

Cette vivace pousse en touffes vigoureuses de tiges ramifiées, teintées de pourpre, comme les feuilles très découpées. Bouquets de petites fleurs blanches en été et en automne.

VIVACES À FEUILLAGE PERSISTANT POURPRE, ROUGE OU BRONZE

- *Ajuga reptans* 'Atropurpurea'
- *Ajuga reptans* 'Braunherz'
- *Dahlia* 'Bishop of Llandaff'
- *Euphorbia amygdaloides* 'Purpurea'
- *Pennisetum setaceum* 'Rubrum'
- *Phormium* 'Maori Chief'
- *Phormium tenax* 'Purpureum'
- *Salvia officinalis* 'Purpurascens'
- *Sedum spathulifolium* 'Atropurpureum'
- *Sempervivum* 'Othello'

Heuchera 'Rachel'
HEUCHÈRE
☼ ◐ ❄❄❄ ↕ 60 cm ↔ 45 cm

Cette plante étonnante, en touffe basse, a de grandes feuilles gaufrées, lobées, bronze pourpré brillant au-dessus, pourpre vif en dessous. Légère floraison rosée en été.

Cimicifuga simplex 'Brunette'
CIERGE D'ARGENT
◐ ❄❄❄ ↕ 1,20 m ↔ 60 cm

Cette superbe plante a de grandes feuilles brun pourpré très divisées. Les tiges arquées portent en automne de longs épis de fleurs blanches teintées de pourpre.

Euphorbia dulcis 'Chameleon'
EUPHORBE
☼ ◐ ❄❄❄ ↕↔ 30 cm

Les tiges pourpres, ramifiées, portent de petites feuilles rouge pourpré, très colorées en automne. Nuages de petites fleurs pourprées en été. Se ressème.

Imperata cylindrica 'Rubra'
IMPERATA
☼ ◐ ❄❄ ↕ 40 cm ↔ 30 cm

Cette graminée peu courante, à pousses dressées, a de longues feuilles vertes qui virent rapidement au rouge foncé à partir de leur extrémité. Floraison légère blanc argenté.

Ophiopogon planiscapus 'Nigrescens'
OPHIOPOGON
☼ ☀ ✻✻✻ ↕ 20 cm ↔ 30 cm

Parfait comme couvre-sol, en touffes basses de feuilles persistantes étroites, coriaces, il est pourpre presque noir. Fins bouquets de petites fleurs blanc pourpré en été.

Ranunculus ficaria 'Brazen Hussy'
FICAIRE
☼ ☀ ✻✻✻ ↕ 5 cm ↔ 15 cm

Les petites rosettes de feuilles en cœur, à long pétiole, brun chocolat lustré, mettent admirablement en valeur, au printemps, les fleurs étoilées jaune d'or.

Sedum 'Matrona'
ORPIN
☼ ✻✻✻ ↕ 60 cm ↔ 30 cm

En fin d'été et en automne, des inflorescences aplaties roses sur des tiges robustes, rouge pourpré, dominent les touffes de feuilles charnues, pourpres également.

Rodgersia podophylla
RODGERSIA
☼ ☀ ✻✻✻ ↕ 1,50 m ↔ 1,80 m

Rouge bronze à l'état jeune, les grandes feuilles profondément divisées, lobées, se teintent à nouveau de rouge en automne. Floraison estivale en plumets blancs.

Phormium 'Dazzler'
LIN DE NOUVELLE-ZÉLANDE
☼ ✻✻✻ ↕ 1 m ↔ 1,20 m

Ses touffes robustes de feuilles persistantes et coriaces, arquées, rubanées, sont rayées de rouge, d'orangé et de rose sur un fond bronze pourpré.

VIVACES HERBACÉES À FEUILLAGE POURPRE, ROUGE OU BRONZE

Anthriscus sylvestris 'Ravenswing'
Clematis recta 'Purpurea'
Foeniculum vulgare 'Purpureum'
Heuchera micrantha var. *diversifolia* 'Palace Purple'
Lobelia fulgens 'Queen Victoria'
Penstemon digitalis purpureus
Sedum telephium ssp. *maximum* 'Atropurpureum'
Tiarella cordifolia 'Purpurea'

Sedum 'Sunset Cloud'
ORPIN
☼ ✻✻✻ ↕ 25 cm ↔ 45 cm

Ce ravissant orpin pourpre de petite taille, à tiges charnues souples et à feuillage pruineux, porte des inflorescences aplaties rose vif en fin d'été et en automne.

Vivaces à feuillage d'automne très coloré

QUI DIT AUTOMNE AU JARDIN pense souvent aux seules plantes ligneuses à feuillage caduc, érables ou sumacs, par exemple, ignorant les vertus décoratives de nombreuses vivaces herbacées qui se parent de couleurs chaudes avant la venue de l'hiver.

AUTRES VIVACES À FEUILLAGE D'AUTOMNE TRÈS COLORÉ

Aruncus aethusifolius
Athyrium filix-femina
Ceratostigma plumbaginoides
Darmera peltata
Euphorbia griffithii 'Fireglow'
Geranium macrorrhizum
Hosta ventricosa
Imperata cylindrica 'Red Baron'
Osmunda regalis
Polygonatum odoratum

Calamagrostis x *acutiflora* 'Karl Foerster'
CALAMAGROSTIS
☼ ◐ ❄❄❄ ↕ 1,80 m ↔ 60 cm

Cette grande graminée remarquable a des tiges raides, dressées, et des feuilles arquées. Les plumets bronze rosé se teintent de jaune chamoisé ou de brun en automne.

Geranium wlassovianum
GÉRANIUM VIVACE
☼ ◐ ❄❄❄ ↕↔ 60 cm

Les touffes de feuilles veloutées, duveteuses, profondément lobées, à long pétiole, sont bronze rosé au printemps, puis, en automne, d'un rouge chaud teinté de bronze.

Schizachyrium scoparium
SCHIZACHYRIUM
☼ ❄❄❄ ↕ 1 m ↔ 30 cm

Les touffes denses de tiges dressées et de feuilles arquées gris-vert passent, en automne, des tons de pourpre au rouge orangé. Fins épillets plumeux en été.

Darmera peltata 'Nana'
DARMERA
☼ ◐ ❄❄❄ ↕ 35 cm ↔ 60 cm

Cette variété naine de darmera a des feuilles rondes longuement pétiolées, virant au rouge ou à l'orangé cuivré en automne. Bouquets de fleurs roses au printemps.

Pennisetum setaceum 'Rubrum'
PENNISETUM
☼ ❄❄ ↕ 1 m ↔ 60 cm

Cette graminée spectaculaire et vigoureuse forme une touffe de tiges et de feuilles pourpres. Les fins plumets arqués ou retombants, d'abord roses, virent au blanc.

Sedum aizoon
ORPIN
☼ ❄❄❄ ↕↔ 45 cm

En automne, les touffes de tiges rougeâtres et les feuilles charnues, dentées, se teintent de rouge orangé. Inflorescences plates de fleurs étoilées jaunes en été.

Vivaces à feuillage décoratif en hiver

SI LES VIVACES À FEUILLAGE très coloré en automne sont précieuses au jardin, celles dont le feuillage demeure en hiver méritent plus encore l'attention. Lorsque la plupart des vivaces ont disparu, ou presque, celles-ci illuminent les massifs de leur feuillage panaché de jaune ou de blanc, teinté de rouge ou d'argent, ou encore marbré.

Arum italicum 'Marmoratum'
ARUM
◐ ❄❄❄ ↕30 cm ↔25 cm

C'est l'un des plus beaux feuillages de l'hiver, sous forme de feuilles en fer de flèche, lustrées, à nervures claires. Floraison blanc verdâtre en début de printemps.

Bergenia 'Ballawley'
BERGÉNIA
☼ ◐ ❄❄❄ ↕60 cm ↔45 cm

Les touffes basses de feuilles coriaces, vert brillant, virent au bronze pourpré ou au rouge sombre en hiver. Au printemps, bouquets denses de fleurs cramoisies.

Celmisia semicordata
CELMISIA
☼ ◐ ❄❄❄ PH ↕50 cm ↔30 cm

Les feuilles ensiformes duveteuses, gris-vert au-dessus, argentées en dessous, forment une rosette dense. Grandes fleurs en marguerite en été.

Cyclamen coum 'Pewter Group'
CYCLAMEN
◐ ❄❄❄ ↕8 cm ↔10 cm

Ce petit cyclamen à floraison hivernale rouge rosé se distingue par des feuilles réniformes argentées, souvent à centre vert foncé.

Epimedium x *rubrum*
CHAPEAU D'ÉVÊQUE
☼ ◐ ❄❄❄ ↕↔30 cm

Les touffes de feuilles très divisées sont suffusées de rouge à l'état jeune, puis à nouveau en automne, et la coloration persiste en hiver. Floraison printanière jaune et cramoisi.

AUTRES VIVACES À FEUILLAGE DÉCORATIF EN HIVER

- *Asplenium scolopendrium* 'Crispum'
- *Carex morrowii* 'Variegata'
- *Helleborus argutifolius*
- *Lunaria annua* 'Variegata'
- *Ophiopogon japonicus* 'Minor'
- *Polystichum acrostichoides*
- *Tellima grandiflora* 'Purpurea'
- *Vinca minor* 'Variegata'

Sasa veitchii
SASA
☼ ◐ ● ❄❄❄ ↕1,50 m ↔indéfinie

Ce vigoureux bambou à rhizomes traçants demande beaucoup d'espace. Beau feuillage persistant se teintant, en automne, d'une bordure blanche décorative.

COLLECTIONS DE VIVACES

Polystichum munitum pour l'ombre et les lieux humides

HELLÉBORES *Excellents couvre-sol ; les semis d'hellébores hybrides font de magnifiques vivaces.*

CERTAINES VIVACES font l'objet des soins jaloux de fervents amateurs, qui les sélectionnent pour leur rareté, l'originalité de leur forme ou la beauté de leur feuillage ou de leurs fleurs.

Imaginez un jardin rassemblant cent géraniums vivaces différents, ou cinquante belles pivoines, voire une multitude de fougères rustiques. De tels jardins existent et sont même de plus en plus fréquents, de nombreux jardiniers se passionnant pour un genre ou une famille botanique particuliers. Depuis quatre cents ans au moins, le goût des collections a gagné les jardiniers d'Europe, tandis qu'elles existent depuis des siècles en Chine et au Japon. Elles se sont également répandues depuis peu en Amérique du Nord.

Les vivaces présentées ici font souvent l'objet de collections d'amateurs avertis. Certaines, comme les hostas ou les géraniums vivaces, sont depuis longtemps appréciées, aussi le nombre de variétés faciles à se procurer est-il considérable, avec de nouvelles introductions chaque année. D'autres, comme les graminées d'ornement, qui associent feuillage élégant et floraison légère, et les hellébores et épimèdes, sont l'objet d'un engouement plus récent.

POUR LES INTÉGRER AU JARDIN

S'il est passionnant de se lancer dans la recherche du plus grand nombre d'espèces et de variétés d'un genre, le jardin ne doit pas pour autant être uniquement consacré à cette plante et ses variantes. Choisissez en priorité, pour votre collection, les espèces qui vous plaisent le plus ou qui sont les plus vigoureuses, et associez-les aux autres plantes de jardin en compositions décoratives, au fil des saisons.

COMMENT ÉTABLIR UNE COLLECTION

Il existe une telle palette de plantes vivaces qu'il est facile de trouver une plante de collection se prêtant à la situation et à la taille de votre jardin. Il suffit, par exemple, d'une petite cour citadine pour accueillir une collection d'orpins ou de saxifrages dans des bacs en pierre. Si votre goût porte sur les rosiers arbustes, vous pouvez planter à leur pied des géraniums vivaces en couvre-sol. Enfin, selon les conditions de culture, un jardin peut aussi regrouper plusieurs collections. Par exemple, fougères, perce-neige et pulmonaires se plaisent dans des conditions similaires.

∧ PIVOINES *Réputées pour leur floraison et leur feuillage, les pivoines classiques comme* Paeonia x smouthii *ne passent pas inaperçues au jardin.*

◁ GÉRANIUMS VIVACES *Faciles à vivre et très populaires à juste titre, les géraniums vivaces sont précieux dans les massifs comme en couvre-sol.*

▷ GRAMINÉES D'ORNEMENT *Avec leurs formes et leurs tons contrastés, les graminées permettent de créer des massifs spectaculaires.*

Petites graminées et laîches

LONGTEMPS IGNORÉES, les graminées d'ornement et laîches connaissent un regain d'intérêt et sont de plus en plus cultivées pour leurs qualités décoratives. Celles présentées ici sont parfaites pour les petits jardins, en sujet isolé ou dans des plantations.

Carex muskingumensis
LAÎCHE
☀ ❄❄❄ ↕ 60 cm ↔ 45 cm

Avec son port en touffes lâches, ses pousses dressées et ses feuilles à l'horizontale, cette laîche évoque un bambou ou un palmier miniature.

AUTRES PETITES GRAMINÉES ET LAÎCHES

Carex conica 'Variegata'
Carex hachijoensis 'Evergold'
Festuca glauca 'Sea Urchin'
Imperata cylindrica 'Red Baron'
Molinia caerulea 'Variegata'
Stipa tenuissima

Deschampsia cespitosa 'Goldschleier'
CANCHE CESPITEUSE
☼ ☀ ❄❄❄ PH ↕↔ 1 m

Pendant l'été, les tiges fines portent des bouquets de petits épillets vert virant au jaune argenté, au-dessus des feuilles linéaires, persistantes.

Festuca glauca 'Blaufuchs'
FÉTUQUE BLEUE
☼ ❄❄❄ ↕ 30 cm ↔ 25 cm

Cette superbe petite graminée à feuillage bleuté permet de créer des contrastes étonnants. Elle forme des touffes denses de fines feuilles bleues et pousses raides.

Pennisetum orientale
PENNISETUM
☼ ❄❄ ↕ 60 cm ↔ 75 cm

Ce superbe sujet à isoler pousse en touffe dense de fines feuilles ; les tiges arquées portent des épis de fins épillets soyeux, beige rosé, en fin d'été et en automne.

Carex siderosticha 'Variegata'
LAÎCHE
☼ ☀ ❄❄❄ ↕ 30 cm ↔ 40 cm

Cette laîche très décorative, à port rampant, fait un excellent couvre-sol. Feuilles arquées, rubanées, bordées de blanc, en touffe dense, basse.

Elymus magellanicus
AGROPYRON
☼ ❄❄❄ ↕ 60 cm ↔ 30 cm

Les touffes de longues feuilles fines comme les tiges qui portent les inflorescences effilées en été sont d'un bleu métallique. Beau sujet en plant isolé.

Stipa tenuifolia
STIPE
☼ ❄❄❄ ↕ 60 cm ↔ 75 cm

Cette gracieuse graminée en touffe de longues feuilles fines, vert vif, porte en été de légers plumets arqués. Elle se prête bien à des associations avec d'autres graminées.

Grandes graminées d'ornement

CES GRAMINÉES peuvent être très spectaculaires, surtout lors de la floraison, en fin d'été et en automne, que ce soit en sujet isolé sur la pelouse ou dans un massif, à côté de vivaces plus basses. Toutes sont de culture facile. Plantez-les seules, ou en groupes pour faire rapidement de l'effet.

Calamagrostis brachytricha
syn. *Achnatherum brachytrichum*
☼ ☀ ❄❄❄ ↕1,20 m ↔1 m

Les touffes denses de tiges dressées portent en fin d'été et en automne des plumets d'épillets pourprés, se teintant joliment en hiver de brun rougeâtre.

Cortaderia selloana 'Sunningdale Silver'
HERBE DES PAMPAS
☼ ❄❄❄ ↕3 m ↔2,50 m

Cette herbe des pampas imposante a des tiges robustes couronnées de grands plumets argentés qui persistent jusqu'en hiver. Variété populaire et fiable.

AUTRES GRANDES GRAMINÉES

Andropogon gerardii
Arundo donax 'Macrophylla'
Chasmanthium latifolium
Miscanthus sacchariflorus
Miscanthus sinensis 'Silberfeder'
Miscanthus sinensis 'Zebrinus'
Stipa gigantea

Chionochloa conspicua
CHIONOCHLOA
☼ ❄❄ ↕2 m ↔1 m

De gracieuses inflorescences aux épillets d'abord blanc crème, puis brun argenté, se balancent au-dessus d'une touffe de feuillage persistant teinté de rouge brunâtre.

Cortaderia richardii
HERBE DES PAMPAS
☼ ❄❄❄ ↕3 m ↔2 m

Pendant l'été, de longues tiges aux légers plumets blanc crème émergent de la large touffe de feuilles arquées et persistent jusqu'en hiver.

Miscanthus sinensis 'Cabaret'
EULALIE
☼ ❄❄❄ ↕1,80 m ↔1,20 m

Les feuilles rayées de blanc de cette belle graminée en touffe large ajoutent encore à son charme. Inflorescences plumeuses, cuivrées, en automne.

Fougères pour ombre humide

De toutes les vivaces sans fleurs, les fougères sont peut-être les plus indispensables au jardin, offrant de multiples formes et tailles, en plantations de groupe ou en sujets isolés. Les fougères présentées ici, moyennes à grandes, se plaisent sur sol riche en humus, en situation humide et ombragée.

Polystichum munitum
ASPIDIE ARMÉE
☼ ◐ ❄❄❄ ↕ 90 cm ↔ 1,20 m

Une fois établie, cette fougère luxuriante peut transformer un coin sombre grâce à sa touffe large de grandes frondes persistantes. Protéger la souche en hiver.

Asplenium scolopendrium
SCOLOPENDRE
☼ ◐ ❄❄❄ ↕↔ 60 cm

Cette belle fougère se caractérise par ses longues frondes coriaces, rubanées, persistantes, marquées de lignes de spores en dessous. Se plaît en sol calcaire.

Dryopteris erythrosora
DRYOPTERIS
☼ ◐ ❄❄❄ ↕↔ 60 cm

C'est l'une des plus colorées parmi les fougères rustiques, avec de jeunes frondes rouge cuivré au printemps et en été, vert foncé brillant en hiver pour les feuilles plus âgées.

Polystichum polyblepharum
ASPIDIE DU JAPON
☼ ◐ ❄❄❄ ↕ 60 cm ↔ 90 cm

Cette fougère gracieuse aux frondes très divisées, dentées, d'abord couvertes de poils dorés, doit être protégée l'hiver. Très décorative avec d'autres fougères.

AUTRES FOUGÈRES POUR OMBRE HUMIDE

Dryopteris affinis
Dryopteris filix-mas
Dryopteris goldieana
Matteucia struthiopteris
Onoclea sensibilis
Osmunda cinnamomea
Osmunda regalis
Polystichum acrostichoides

Athyrium filix-femina
FOUGÈRE FEMELLE
◐ ❄❄❄ ↕ 1,20 m ↔ 60 cm

Les frondes caduques vert frais, finement divisées, forment une gracieuse « plume » sur un axe central vert ou rouge-brun. Excellente en bordure de pièce d'eau.

Dryopteris wallichiana
DRYOPTERIS
◐ ❄❄❄ ↕ 90 cm ↔ 75 cm

Les grandes frondes dressées, semi-persistantes, à nervure centrale brune, écailleuse, s'évasent en belle touffe. En sol riche et situation abritée, elle est plus grande encore.

Polystichum setiferum
ASPIDIE À CILS RAIDES
☼ ◐ ❄❄❄ ↕ 1,20 m ↔ 90 cm

En large touffe évasée à étalée de grandes frondes plumeuses, vert foncé, persistantes, elle se plaît particulièrement sur un talus ombragé.

Fougères pour murets et interstices

LES FOUGÈRES QUI POUSSENT à l'état spontané dans les crevasses des rochers sont généralement petites. Au jardin, elles pousseront entre les pierres des murets humides.

Asplenium adiantum-nigrum
DORADILLE NOIRE
☼ ● ❄❄❄ ↕ 15 cm ↔ 20 cm

Cette petite fougère robuste à frondes coriaces, persistantes, triangulaires, finement divisées, vert brillant à pétiole noir, se plaît en sol calcaire.

Asplenium ceterach
DORADILLE
☼ ◐ ❄❄❄ ↕ 12,5 cm ↔ 25 cm

C'est une fougère rustique très originale, en petites touffes de frondes lobées et persistantes, à face inférieure écailleuse, qui s'enroulent par temps sec.

AUTRES FOUGÈRES POUR MURETS ET INTERSTICES

Adiantum capillus-veneris
Blechnum penna-marina
Cheilanthes lanosa
Cystopteris bulbifera
Cystopteris fragilis
Pellaea atropurpurea
Polypodium vulgare 'Cornubiense'

Asplenium ruta-muraria
RUE DES MURAILLES
☼ ◐ ● ❄❄❄ ↕ 10 cm ↔ 12,5 cm

Souvent associée à *A. trichomanes* dans la nature, cette fougère forme des colonies denses aux petites frondes coriaces finement divisées. Se plaît en sol calcaire.

Asplenium scolopendrium 'Crispum'
SCOLOPENDRE
◐ ● ❄❄❄ ↕ 50 cm ↔ 60 cm

Les frondes persistantes lustrées, rubanées, à bord ondulé, forment progressivement une large touffe. Parfaite aussi en premier plan de massif ombragé.

Asplenium trichomanes
FAUSSE CAPILLAIRE
☼ ◐ ● ❄❄❄ ↕ 15 cm ↔ 20 cm

Robuste bien que d'aspect délicat, cette petite fougère forme une rosette persistante de frondes à pétiole noir et folioles arrondies. Préfère un sol calcaire.

Polypodium cambricum 'Pulcherrimum'
POLYPODE
☼ ◐ ❄❄❄ ↕ 45 cm ↔ 60 cm

Les belles frondes finement divisées, triangulaires à lancéolées, à extrémités ondulées, émergent en été et demeurent d'un vert frais jusqu'en hiver.

Woodsia polystichoides
WOODSIA
◐ ❄❄❄ ↕ 20 cm ↔ 25 cm

Cette très jolie fougère pousse dans les crevasses des murets et rocailles, en petites touffes de frondes lancéolées très divisées, vert pâle. Redoute les gelées tardives.

Grands bambous

LA VIGUEUR ET LE FEUILLAGE SOUPLE, lustré et persistant de ces grands bambous les destinent à la réalisation d'écrans végétaux, surtout sur sol frais, en situation abritée. S'ils sont superbes dans les grands jardins et les zones boisées, ils peuvent aussi être cultivés en bacs.

Chimonobambusa quadrangularis
CHIMONOBAMBUSA
◐ ❄❄ ↕ 5 m ↔ indéfinie

Les vieux chaumes de ce bambou à croissance très rapide sont quadrangulaires et virent du vert au brun. Abondant feuillage vert brillant.

Pseudosasa japonica
MÉTAKÉ
☼ ◐ ❄❄❄ ↕ 6 m ↔ indéfinie

Ce beau bambou est souvent utilisé en écran. La masse de feuillage vert vif arque l'extrémité des chaumes, verts à maturité. Grandes touffes denses.

Semiarundinaria fastuosa
SEMIARUNDINARIA
☼ ◐ ❄❄❄ ↕ 5 m ↔ 4 m

C'est un imposant bambou à port dressé, aux chaumes rayés de brun pourpré, à feuillage luxuriant. Il colonise rapidement le terrain sous climat chaud, moins en région froide.

AUTRES GRANDS BAMBOUS

Phyllostachys aurea
Phyllostachys aureosulcata
Phyllostachys aureosulcata 'Spectabilis'
Phyllostachys edulis
Phyllostachys nigra 'Boryana'
Phyllostachys vivax 'Aureocaulis'
Pleioblastus simonii
Semiarundinaria yashadake
Yushania maculata

Phyllostachys viridiglaucescens
PHYLLOSTACHYS
☼ ◐ ❄❄❄ ↕ 5 m ↔ indéfinie

Comme tous les phyllostachys, celui-ci porte des ramifications doubles aux nœuds. Les grands groupes de cannes vertes ploient sous le poids du feuillage luxuriant.

Qiongzhuea tumidinoda
QIONGZHUEA
◐ ❄❄❄ ↕ 5 m ↔ indéfinie

Récemment introduit de Chine, ce bambou a des chaumes renflés aux nœuds. Les bouquets de feuilles fines se teintent de jaune en plein soleil.

Yushania anceps
YUSHANIA
☼ ◐ ❄❄❄ ↕ 4 m ↔ indéfinie

Cet autre bambou est très populaire en écran végétal, formant un taillis dense de fines cannes brillantes à ramifications arquées et abondant feuillage vert clair.

Bambous en touffes

PEU DE VIVACES à feuillage persistant rivalisent d'élégance avec ces bambous qui se forment en touffes amples. Mettez-les en valeur en les isolant sur une pelouse ou dans un massif abrité, ou encore en bordure de sous-bois. Ils sont superbes également au bord de l'eau, si le sol n'y est pas trop humide.

AUTRES BAMBOUS FORMANT DES TOUFFES

Chusquea culeou 'Tenuis'
Fargesia denudata
Fargesia robusta
Himalayacalamus falconeri
Thamnocalamus crassinodus 'Kew Beauty'
Thamnocalamus spathiflorus

Chusquea culeou
CHUSQUEA
☼ ◐ ❄❄❄ ↕ 6 m ↔ 2,50 m

Les chaumes verts ou jaunâtres, très serrés, sont réunis en une impressionnante touffe évasée. Chaque nœud porte plusieurs ramifications.

Fargesia nitida
FARGESIA
☼ ◐ ❄❄❄ ↕ 5 m ↔ 3 m

Cette grande touffe dense et évasée pousse en longues cannes arquées, d'abord teintées de pourpre, puis virant au jaune-vert, couvertes d'un abondant feuillage fin.

Fargesia murieliae
FARGESIA
◐ ❄❄❄ ↕ 4 m ↔ 3 m

Ce beau bambou très prisé pousse en grande touffe évasée de cannes arquées, blanches, pruineuses, virant au vert jaunâtre, avec de fines feuilles en plumets.

Semiarundinaria yamadorii
SEMIARUNDINARIA
☼ ◐ ❄❄❄ ↕ 3m ↔ 2m

Avec son beau feuillage vert très fourni, ce bambou a beaucoup de caractère. Ses longues cannes étroites et vertes forment une abondante touffe dressée.

Thamnocalamus tessellatus
THAMNOCALAMUS
☼ ◐ ❄❄❄ ↕ 4 m ↔ 2 m

Une gaine soyeuse, blanchâtre, entoure les longues cannes de ce bambou, leur donnant un aspect rayé. Autrefois utilisé par les Zoulous comme lances et flèches.

Géraniums pour collections

CES GÉRANIUMS figurent aujourd'hui parmi les plus prisées des plantes vivaces. Leur popularité est due d'une part à leurs multiples utilisations possibles au jardin, d'autre part à l'extrême diversité de leurs port, feuillage et floraison, vraiment superbes dans les massifs.

Geranium 'Salomé'
GÉRANIUM VIVACE
☼ ◐ ❄❄❄ ↕ 30 cm ↔ 2 m

Le feuillage légèrement marbré de cette forme basse est suffusé de jaune au printemps. En été et en automne, fleurs rose violacé doux, à œil et veines plus sombres.

AUTRES GÉRANIUMS POUR COLLECTIONS

Geranium asphodeloides 'Prince Régent'
Geranium cantabrigiense 'Biokovo'
Geranium clarkei 'Kashmir Purple'
Geranium dalmaticum
Geranium x *magnificum*
Geranium x *riversleianum* 'Russell Prichard'
Geranium wlassovianum

Geranium himalayense 'Plenum'
GÉRANIUM VIVACE
☼ ◐ ❄❄❄ ↕ 25 cm ↔ 60 cm

Connue aussi sous le nom de 'Birch Double', cette variété est superbe en bordure de massif. Feuilles joliment découpées ; en été, fleurs doubles, très romantiques.

Geranium 'Nimbus'
GÉRANIUM VIVACE
☼ ◐ ❄❄❄ ↕ 40 cm ↔ 60 cm

C'est un hybride à tiges souterraines rampantes, à croissance lente, à feuilles finement divisées, jaunâtres au printemps. Floraison estivale rose pourpré.

Geranium sylvaticum 'Amy Doncaster'
GÉRANIUM VIVACE
☼ ◐ ❄❄❄ ↕ 70 cm ↔ 50 cm

Cette jolie variété du géranium des bois porte en été des fleurs bleu pourpré foncé à œil blanc. Il doit son nom à la jardinière qui l'a sélectionné.

Geranium kishtvariense
GÉRANIUM VIVACE
☼ ◐ ❄❄❄ ↕ 30 cm ↔ 60 cm

Les tiges souterraines rampantes forment peu à peu un tapis de feuillage plissé, profondément lobé. Floraison rose pourpré brillant en été et en automne.

Geranium phaeum 'Lily Lovell'
GÉRANIUM VIVACE
☼ ◐ ❄❄❄ ↕ 80 cm ↔ 45 cm

Cette charmante variété a des feuilles vert clair joliment lobées et une floraison généreuse durant tout l'été. Fleurs d'un violet soutenu, avec un œil blanc.

Geranium wallichianum
GÉRANIUM VIVACE
☼ ◐ ❄❄❄ ↕ 30 cm ↔ 90 cm

Les fleurs violet pourpré délicatement veinées de violet foncé se succèdent de l'été jusqu'en automne. Feuillage marbré, faiblement lobé.

Hostas pour collections

L'INCROYABLE PALETTE DES HOSTAS s'enrichit encore chaque année de variations dans les formes de feuilles, les teintes, les textures et la taille des plantes, sans parler de leur floraison. Les plantes présentées ici conviennent en plantation isolée ou en groupe, en pleine terre ou en conteneurs.

Hosta lancifolia
HOSTA
☼ ☀ ❄❄❄ ↕ 45 cm ↔ 75 cm

Cultivée depuis longtemps dans les jardins, cette espèce forme une touffe lâche de feuilles étroites, vert foncé brillant. Floraison estivale pourpre. Bon couvre-sol.

Hosta 'Buckshaw Blue'
HOSTA
☼ ☀ ❄❄❄ ↕ 35 cm ↔ 60 cm

Les grandes feuilles cordiformes, à nervures marquées, couvertes d'une pruine bleutée, forment une large touffe. En été, fleurs pendantes en grappes courtes.

Hosta gracillima
HOSTA
☼ ☀ ❄❄❄ ↕ 5 cm ↔ 20 cm

Tout indiquée pour la plantation en pot, rocaille ou muret, cette petite espèce à port étalé a des feuilles étroites à bord ondulé. Fins épis rose violacé en automne.

AUTRES HOSTAS POUR COLLECTIONS

Hosta 'Great Expectations'
Hosta 'Krossa Regal'
Hosta nakaiana
Hosta plantaginea var. *grandiflora*
Hosta 'Summer Fragrance'
Hosta tokudama 'Golden Medallion'
Hosta 'Vanilla Cream'
Hosta 'Wide Brim'
Hosta 'Zounds'

Hosta montana 'Aureomarginata'
HOSTA
☼ ☀ ❄❄❄ ↕ 70 cm ↔ 90 cm

Cette superbe plante, bien que longue à s'établir, est précieuse en potée ou massif. Grandes feuilles brillantes à long pétiole, irrégulièrement bordées de jaune d'or.

Hosta 'Golden Tiara'
HOSTA
☼ ☀ ❄❄❄ ↕ 30 cm ↔ 50 cm

Cette petite variété superbe pousse en touffe compacte de feuilles en cœur bordées de jaune. Longues grappes de fleurs bleu lavande pourpré en début d'été.

Hosta hypoleuca
HOSTA
☼ ☀ ❄❄❄ ↕ 45 cm ↔ 90 cm

Cette belle espèce a de grandes feuilles vert pâle à pruine grisâtre au-dessus et un curieux enduit farineux blanchâtre en dessous. Floraison estivale mauve pâle à blanc.

Hosta tokudama
HOSTA
☼ ☀ ❄❄❄ ↕ 35 cm ↔ 90 cm

De croissance lente, cette espèce offre en été des fleurs blanc à mauve, au-dessus de touffes compactes de feuilles arrondies à cordiformes, glauques.

Perce-neige pour collections

SI LA VUE D'UNE TOUFFE de perce-neige émergeant en fin d'hiver vous réjouit, sachez qu'il existe, outre le perce-neige commun, bien des formes et variétés moins courantes. Toutes sont de culture facile et méritent d'être découvertes pour leur charme et leur originalité.

Galanthus 'Augustus'
PERCE-NEIGE
☼ ❄❄❄ ↕15 cm ↔8 cm

Robuste perce-neige à feuilles assez larges, rayées d'argent, et grandes fleurs nettement arrondies, à segments internes marqués de vert, il forme peu à peu une touffe.

AUTRES PERCE-NEIGE POUR COLLECTIONS

Galanthus 'Benhall Beauty'
Galanthus caucasicus 'Comet'
Galanthus elwesii
Galanthus 'Merlin'
Galanthus nivalis 'Sandersii'
Galanthus nivalis ssp. *imperati* 'Ginns'
Galanthus nivalis 'Viridapicis'

Galanthus 'Magnet'
PERCE-NEIGE
☼ ❄❄❄ ↕20 cm ↔6 cm

Les délicates fleurs odorantes se balancent à la moindre brise sur leur longue tige. Une variété à recommander, robuste et facile à cultiver.

Galanthus nivalis 'Scharlockii'
PERCE-NEIGE
☼ ❄❄❄ ↕↔10 cm

Voici une curieuse variété du perce-neige traditionnel, à fleurs pendantes munies d'une spathe divisée en deux segments, surplombant la fleur comme des oreilles de lapin.

Galanthus 'Ophelia'
PERCE-NEIGE
☼ ❄❄❄ ↕15 cm ↔20 cm

Cette forme très précoce, à fleurs doubles sur de fins pédoncules, est indispensable dans une collection. Les segments externes ont une extrémité pincée, parfois verte.

Galanthus 'John Gray'
PERCE-NEIGE
☼ ❄❄❄ ↕15 cm ↔8 cm

Ce ravissant perce-neige est précieux pour sa grande précocité. Ses fleurs sont pendantes sur une longue et fine tige florale, à segments internes marqués de vert.

Galanthus 'Mighty Atom'
PERCE-NEIGE
☼ ❄❄❄ ↕12 cm ↔8 cm

C'est une autre forme facile à vivre, remarquable par ses belles fleurs finement pédonculées, blanc pur, à segments internes nettement teintés de vert.

Galanthus reginae-olgae
PERCE-NEIGE
☼ ❄❄ ↕10 cm ↔8 cm

C'est le plus précoce des perce-neige, fleurissant souvent dès l'automne, avant qu'apparaissent les feuilles vertes rayées d'argent. Situation ensoleillée.

Hellébores pour collections

LES HELLÉBORES sont de merveilleuses plantes vivaces pour les situations partiellement ombragées. Ils sont actuellement très prisés, et la palette des espèces que l'on peut se procurer s'enrichit chaque année d'hybrides, notamment en provenance de Chine.

Helleborus atrorubens
HELLÉBORE
◐ ❄❄❄ ↕30 cm ↔45 cm

Cette espèce est remarquable pour ses feuilles profondément divisées, souvent teintées de pourpre en début de saison. Floraison pourpre foncé à vert en fin d'hiver.

Helleborus multifidus ssp. *hercegovinus*
HELLÉBORE
☼ ◐ ❄❄❄ ↕30 cm ↔45 cm

Très populaire pour son feuillage découpé en fine dentelle, cet hellébore offre aussi l'attrait de belles fleurs jaunes ou vert pâle en fin d'hiver ou début de printemps.

Helleborus lividus
HELLÉBORE
◐ ❄❄ ↕45 cm ↔30 cm

Les feuilles persistantes veinées d'argent, teintées de rose en dessous, accompagnent en hiver les fleurs vertes teintées de rose. A garder sous serre froide.

Helleborus odorus
HELLÉBORE
☼ ◐ ❄❄❄ ↕↔50 cm

Espèce facile à vivre et très florifère, elle offre en fin d'hiver ou en début de printemps ses fleurs odorantes vertes ou jaune-vert. Forme de larges touffes.

AUTRES HÉLLÉBORES POUR COLLECTIONS

Helleborus cyclophyllus
Helleborus dumetorum
Helleborus niger 'Potter's Wheel'
Helleborus orientalis 'Little Black'
Helleborus purpurascens
Helleborus torquatus
Helleborus viridis ssp. *occidentalis*

Helleborus x *sternii* 'Boughton Beauty'
HELLÉBORE
☼ ◐ ❄❄ ↕↔50 cm

En fin d'hiver, les fleurs vertes teintées de rose émergent au-dessus des touffes de feuilles persistantes joliment veinées et marbrées, grisâtres. A protéger en région froide.

Helleborus torquatus Groupe Party Dress
HELLÉBORE
☼ ◐ ❄❄❄ ↕40 cm ↔30 cm

C'est un groupe de petits hellébores originaux, offrant en hiver et en début de printemps leurs fleurs colorées aux nombreux pétales, avant l'apparition du feuillage.

Helleborus versicarius
HELLÉBORE
☼ ❄❄❄ ↕45 cm ↔30 cm

Cette espèce curieuse a de petites fleurs en coupe, vert et pourpre, en fin d'hiver et en début de printemps, suivies de gousses renflées. Elle disparaît en été.

Épimèdes pour collections

L'INTRODUCTION DE NOMBREUSES ESPÈCES d'épimède, ou chapeau d'évêque, en provenance de Chine, a placé ce genre botanique parmi les vivaces dignes d'une collection. Plantes de sous-bois à feuillage décoratif, caduc ou persistant, elles font d'excellents couvre-sol.

Epimedium acuminatum
ÉPIMÈDE
☀ ❄❄❄ ↕ 45 cm ↔ 75 cm

Le magnifique feuillage persistant, à grandes folioles lancéolées, est orné de fleurs blanc et pourpre ou pourpre pâle, à long éperon, au printemps et en été.

Epimedium davidii
ÉPIMÈDE
☀ ❄❄❄ ↕ 30 cm ↔ 45 cm

Les tiges foncées, brillantes, portent des feuilles divisées persistantes et des grappes de fleurs jaunes pendantes, éperonnées, du printemps à l'été.

AUTRES ÉPIMÈDES POUR COLLECTIONS

Epimedium alpinum
Epimedium × *cantabrigiense*
Epimedium grandiflorum 'Lilafee'
Epimedium grandiflorum f. *violaceum*
Epimedium pinnatum ssp. *colchicum*
Epimedium × *versicolor* 'Sulphureum'
Epimedium × *warleyense*
Epimedium × *youngianum* 'Niveum'

Epimedium grandiflorum 'Rose Queen'
ÉPIMÈDE
☀ ❄❄❄ ↕ 30 cm ↔ 45 cm

Les feuilles en cœur, finement dentées, colorées en début de végétation, forment une touffe basse. Bouquets de fleurs rose foncé éperonnées au printemps.

Epimedium leptorrhizum
ÉPIMÈDE
☀ ❄❄❄ ↕ 25 cm ↔ 45 cm

Cette plante rampante forme progressivement de belles touffes de feuillage persistant, joliment veiné et denticulé. Floraison rose élégante au printemps et en début d'été.

Epimedium × *perralchicum* 'Fröhnleiten'
☀ ❄❄❄ ↕ 40 cm ↔ 60 cm

C'est une variété populaire pour son feuillage très décoratif, vert foncé lustré, teinté de bronze au printemps. Fleurs pendantes, jaune vif, au printemps également.

Epimedium stellulatum 'Wudang Star'
ÉPIMÈDE
☀ ❄❄❄ ↕ 40 cm ↔ 30 cm

Une multitude de petites fleurs étoilées blanches, à éperon jaune, portées par des tiges grêles, dominent au printemps les folioles en cœur, vert brillant, persistantes.

Epimedium × *versicolor* 'Versicolor'
ÉPIMÈDE
☀ ❄❄❄ ↕↔ 30 cm

Il apporte tout le charme de touffes basses de feuillage persistant, coloré à l'état jeune, agrémentées au printemps de bouquets lâches de fleurs jaunes suffusées de rose.

Pivoines pour collections

LES PIVOINES HERBACÉES SAUVAGES, avec leurs fleurs généralement simples, aux pétales soyeux et aux étamines dorées, apportent un éclat particulier au jardin. Si leur floraison est assez éphémère, elles offrent cependant l'attrait d'un feuillage élégant beaucoup plus durable.

Paeonia cambessedesii
PIVOINE DES BALÉARES
☼ ❄❄❄ ↕55 cm ↔60 cm

Cette pivoine est très reconnaissable à ses tiges teintées de rouge pourpré, à son feuillage gris-vert brillant, rougeâtre en dessous. Floraison printanière rose.

AUTRES PIVOINES POUR COLLECTIONS

Paeonia obovata
Paeonia obovata var. *alba*
Paeonia officinalis 'China Rose'
Paeonia officinalis 'Mutabilis Plena'
Paeonia peregrina 'Otto Froebel'
Paeonia potaninii
Paeonia tenuifolia 'Rosea'
Paeonia veitchii var. *woodwardii*
Paeonia wittmanniana

Paeonia mascula ssp. *arietina*
PIVOINE CORALLINE
☼ ◐ ❄❄❄ ↕75 cm ↔60 cm

Les touffes robustes de beau feuillage divisé, vert grisâtre, sont agrémentées au printemps de grandes fleurs en coupe rouge rosé, à étamines jaune crème.

Paeonia × *smouthii*
PIVOINE
☼ ◐ ❄❄❄ ↕↔70 cm

Ce bel hybride, peu connu, forme des touffes de feuillage finement divisé. Floraison parfumée rouge vif en fin de printemps et en début d'été.

Paeonia tenuifolia
PIVOINE
☼ ❄❄❄ ↕↔45 cm

Cette espèce est tout à fait caractéristique, avec son feuillage très fin en touffes basses. Fleurs en coupe rouge foncé à étamines jaunes, en fin de printemps et en début d'été.

Paeonia emodi
PIVOINE DE L'HIMALAYA
☼ ◐ ❄❄❄ ↕↔80 cm

Les fleurs blanches parfumées, légèrement inclinées, s'ouvrent en fin de printemps sur une large touffe aux tiges ramifiées et aux feuilles très divisées. Se plaît à mi-ombre.

Paeonia mlokosewitschii
PIVOINE DU CAUCASE
☼ ◐ ❄❄❄ ↕↔70 cm

C'est une pivoine botanique intéressante, au feuillage duveteux gris-vert. Fleurs jaune citron en fin de printemps et en été, suivies de capsules de graines rouge brillant.

Paeonia wittmanniana
PIVOINE
☼ ◐ ❄❄❄ ↕↔90 cm

Cette pivoine botanique a un beau feuillage vert brillant en touffes amples ; ses fleurs jaune pâle paraissent de la fin du printemps à l'été, suivies de capsules de graines rouges.

PLANTES GRIMPANTES

La plupart des plantes grimpantes sont des vivaces ligneuses ou des arbustes aux tiges grimpantes ou sarmenteuses. A l'aide de leurs vrilles ou de leurs crampons, ou grâce à un support artificiel, elles pourront grimper sur des arbres ou des arbustes, et habiller ainsi diverses structures.

△ Abutilon megapotamicum

△ HABILLAGE DE LIERRE *Ce lierre aux larges feuilles (*Hedera colchica *'Dentata Variegata') est parfait pour camoufler un mur inesthétique.*

ATOUTS DES PLANTES GRIMPANTES

- Idéales pour recouvrir des souches ou des constructions inesthétiques.
- Des floraisons pour chaque saison.
- Des arbustes convertibles en plantes grimpantes.
- Feuillages variés et décoratifs.
- Fleurs parfumées.
- Fournissent abri et nichoirs pour les oiseaux.
- Remarquables teintes d'automne.
- Fruits ou semences décoratifs.
- Intérêt prolongé si une liane grimpe sur une plante-support.

Les plantes recommandées dans ce chapitre sont soit de véritables plantes grimpantes, soit des arbustes qui peuvent être palissés contre un mur. Leur fleurs abondantes et richement colorées ainsi que leurs fruits ornementaux et originaux offrent des effets variés. Un grand nombre d'entre elles ont un feuillage décoratif, et certaines offrent de remarquables teintes automnales. Une fois bien établis, lianes et arbustes peuvent accueillir de nouvelles plantes, permettant d'obtenir un effet décoratif prolongé. Toutes les plantes grimpantes citées dans les pages suivantes sont à feuilles caduques, sauf précision contraire.

AU SOLEIL

De nombreuses plantes grimpantes cultivées pour leurs fleurs préfèrent un emplacement ensoleillé : c'est notamment le cas de la plupart des chèvrefeuilles et des rosiers grimpants. La partie aérienne des clématites et des glycines apprécie le soleil, tandis que leurs racines préfèrent l'ombre (la solution consiste à placer une grande pierre ou une tuile à leur pied). Contre un mur, les plantes bénéficient de la chaleur réfléchie par la surface, ce qui favorise la lignification et la floraison.

A L'OMBRE

Un mur sans soleil, si le sol est humide mais bien drainé, offre des conditions idéales pour accueillir des espèces naturelles de sous-bois.

Citons par exemple les lierres, dont les variétés panachées prospèrent à l'ombre ou à la mi-ombre, ainsi que *Lapageria* et *Berberidopsis*, tous deux originaires d'Amérique du Sud.

△ DÉGUISEMENT *Un céanothe persistant à floraison printanière et un chèvrefeuille volubile parent ce poteau.*

◁ ENCADREMENT FLEURI *Une glycine rose et deux variétés de clématites sont ici associées pour agrémenter cette fenêtre.*

▷ DÉCOR ESTIVAL *La végétation luxuriante des clématites en pleine floraison, une vigne pourpre et un houblon doré habillent ce mur.*

Plantes grimpantes pour murs et clôtures ensoleillés

LES MURS ET CLÔTURES exposés au soleil conviennent parfaitement aux plantes grimpantes. Pour prolonger l'effet décoratif, laissez s'entremêler la végétation de plusieurs espèces, que vous aurez choisies avec soin. La surface, particulièrement lorsqu'elle est en brique ou en pierre, accumule la chaleur, ce qui stimule la croissance et encourage la floraison. Toutes les plantes présentées ici nécessitent le support d'un fil ou d'un grillage.

Lonicera × *americana*
CHÈVREFEUILLE
☼ ❄❄❄ ↕↔ 7 m

Cette plante à floraison abondante offre des bouquets de fleurs jaunes tubulées tout l'été et jusqu'au début de l'automne. Quand elles sont jeunes, les feuilles ont une teinte pourprée.

Actinidia kolomikta
ACTINIDIA
☼ ❄❄❄ ↕↔ 4,50 m

Cette plante impressionnante est longue à s'établir, mais elle vaut bien cette attente. Elle offre de larges feuilles cordiformes colorées de crème et de rose, et des fleurs blanches en été.

Passiflora caerulea
PASSIFLORE
☼ ❄❄ ↕↔ 10 m

Cette plante à croissance rapide et à feuilles digitées porte de belles fleurs originales, de l'été jusqu'à l'automne. Elles peuvent être suivies de fruits décoratifs.

Clematis 'Bill MacKenzie'
CLÉMATITE
☼ ❄❄❄ ↕↔ 7 m

Cette vigoureuse clématite présente de belles fleurs en forme de lanterne, qui apparaissent à la fin de l'été et en automne, et sont suivies de fruits plumeux décoratifs.

Clematis 'Jackmanii'
CLÉMATITE
☼ ❄❄❄ ↕↔ 3 m

Lente à s'épanouir mais très appréciée, cette plante grimpe à l'aide de ses pétioles volubiles. En été apparaissent de grandes fleurs veloutées, pourpre sombre, virant au violet avec l'âge.

Rosa 'Dublin Bay'
ROSIER GRIMPANT
☼ ❄❄❄ ↕↔ 2,20 m

'Dublin Bay' est un rosier floribunda grimpant, aux feuilles brillantes vert sombre et présentant, en été et en début d'automne, des bouquets de fleurs parfumées en forme de coupe.

Rosa 'Mme Grégoire Staechelin'
ROSIER GRIMPANT
☼ ❄❄❄ ↕↔3 m

Ce vigoureux rosier grimpant, l'un des plus beaux, a des feuilles vert brillant. D'abondants bouquets de fleurs arrondies, légèrement parfumées, apparaissent en été.

Rosa 'Maigold'
ROSIER GRIMPANT
☼ ❄❄❄ ↕↔4 m

Ce rosier vigoureux aux tiges épineuses et au feuillage luxuriant porte des fleurs jaune bronze, teintées de rouge lorsqu'elles sont en bouton, abondantes en été, plus rares en automne.

AUTRES PLANTES GRIMPANTES POUR LE SOLEIL

Araujia sericofera
Campsis x *tagliabuana* 'Madame Galen'
Clematis armandii
Jasminum officinale 'Affine'
Lonicera periclymenum 'Graham Thomas'
Mandevilla suaveolens (syn. *M. laxa)*
Mutisia clematis
Rosa banksiae 'Lutea'
Solanum jasminoides
Sollya heterophylla
Wisteria sinensis

Solanum jasminoides 'Album'
SOLANUM
☼ ❄❄ ↕↔6 m

Cette vigoureuse plante sarmenteuse à feuilles semi-persistantes s'accommode de tout support. Des bouquets de fleurs étoilées apparaissent en été et en automne.

Vitis vinifera 'Purpurea'
VIGNE DES TEINTURIERS
☼ ❄❄❄ ↕↔7 m

Les feuilles de cette vigne vigoureuse virent au pourpre à maturité. La couleur s'intensifie en automne, tandis que mûrissent de petites baies bleu sombre.

PLANTES S'ACCROCHANT SEULES POUR FACADES ENSOLEILLÉES

Campsis radicans
Cissus striata
Decumaria barbara
Decumaria sinensis
Ficus pumila
Parthenocissus tricuspidata 'Lowii'
Trachelospermum asiaticum
Trachelospermum jasminoides
Trachelospermum jasminoides 'Variegatum'

Wisteria floribunda 'Alba'
GLYCINE DU JAPON BLANCHE
☼ ❄❄❄ ↕↔9 m

En début d'été, de longues grappes de fleurs papilionacées blanches émergent des belles feuilles divisées de cette glycine. Apprécie une légère acidité du sol.

Plantes grimpantes pour murs et clôtures non ensoleillés

Les conditions plus fraîches, résultant des situations non exposées aux rayons directs du soleil, conviennent à de nombreuses plantes grimpantes, dont beaucoup poussent à l'ombre dans la nature. La plupart nécessitent un tuteurage ; même les plantes s'accrochant seules en tireront profit pendant les premières années suivant la plantation.

Berberidopsis corallina
Plante-corail
◐ ● ❄❄ PH ↕↔ 4,50 m

Les longues tiges rampantes aux feuilles persistantes cordiformes doivent être tuteurées. Des fleurs pendantes, globuleuses, apparaissent de l'été à l'automne.

Clematis montana f. *grandiflora*
Clématite
☼ ◐ ❄❄❄ ↕↔ 10 m

Cette vigoureuse plante finit par former un épais tapis de végétation, pourpre-bronze quand les feuilles sont jeunes. Au printemps apparaissent de grandes fleurs blanches.

Hedera colchica 'Dentata Variegata'
Lierre de Perse
◐ ● ❄❄❄ ↕↔ 5 m

Ce persistant spectaculaire a des feuilles coriaces présentant une base élargie et une marge irrégulièrement teintée de crème. Il s'accroche seul, grâce à ses racines aériennes.

Autres plantes à feuillage caduc pour murs non ensoleillés

- *Akebia trifoliata*
- *Hydrangea anomala* ssp. *petiolaris*
- *Parthenocissus henryana*
- *Parthenocissus himalayana*
- *Parthenocissus tricuspidata* 'Lowii'
- *Parthenocissus tricuspidata* 'Robusta'
- *Schizophragma hydrangeoides*
- *Schizophragma hydrangeoides* 'Roseum'

Clematis × *jouiniana* 'Praecox'
Clématite
☼ ◐ ❄❄❄ ↕↔ 3 m

Cette vigoureuse plante rampante nécessite un palissage. A la fin de l'été, son feuillage abrite de très nombreuses petites fleurs tubulaires, parfumées.

Clematis 'Nelly Moser'
Clématite
◐ ❄❄❄ ↕↔ 3,50 m

De grandes fleurs mauve clair aux pétales rayés de carmin parent cette clématite au début de l'été. Les couleurs pâlissent si l'exposition est très ensoleillée.

Hedera colchica 'Sulphur Heart'
Lierre de Perse
◐ ● ❄❄❄ ↕↔ 5 m

Ce lierre remarquable aux larges feuilles panachées de jaune pousse comme *H. colchica* 'Dentata Variegata' *(ci-dessus)*. Associées, les deux variétés produisent un effet spectaculaire.

Hedera helix 'Eva'
LIERRE
◑ ● ❄❄❄ ↕↔ 1,20 m

Les feuilles persistantes de cette variété panachée très populaire sont vert et gris-vert, avec de larges bordures blanc crème. C'est une plante qui s'accroche seule.

Lapageria rosea
LAPAGÉRIA
◑ ● ❄❄ ↕↔ 5 m

Des tiges volubiles vigoureuses portent des feuilles persistantes, coriaces et, de l'été à la fin de l'automne, de belles fleurs pendantes aux pétales charnus.

Lonicera japonica 'Halliana'
CHÈVREFEUILLE DU JAPON
☼ ◑ ● ❄❄❄ ↕↔ 10 m

Persistante ou semi-persistante, cette liane volubile, prolifique, produit en été et en automne des bouquets de fleurs blanches parfumées, virant peu à peu au jaune.

Hedera helix 'Green Ripple'
LIERRE
◑ ● ❄❄❄ ↕↔ 1,20 m

Cette variété de lierre présente des feuilles persistantes, luisantes, profondément lobées, à nervures vert clair. S'accrochant seule, elle est idéale pour un muret.

Humulus lupulus 'Aureus'
HOUBLON DORÉ
☼ ◑ ❄❄❄ ↕↔ 6 m

Cette vigoureuse liane herbacée a des tiges poilues volubiles et des feuilles lobées jaune-vert. Elle produit des grappes de fruits verts en automne.

AUTRES PLANTES PERSISTANTES POUR MURS NON ENSOLEILLÉS

Hedera pastuchovii
Holboellia latifolia
Lardizabala biternata
Pileostegia viburnoides

Schizophragma integrifolium
SCHIZOPHRAGMA
◑ ● ❄❄❄ ↕↔ 12 m

Avec le temps, cette plante, qui s'accroche seule, peut grimper haut. Des inflorescences aplaties de fleurs blanc crème apparaissent en été, au milieu de feuilles cordiformes.

Arbustes pour façades en situation chaude et ensoleillée

LES MURS ET LES CLÔTURES bien exposés offrent l'abri et la chaleur nécessaires aux plantes les moins rustiques. Ces emplacements conviennent également aux arbustes à tiges fragiles ou sarmenteuses, qui nécessitent un certain support. Ainsi, beaucoup d'entre eux atteignent une taille supérieure à la moyenne. Il peut être nécessaire de pratiquer une taille et un palissage soigneux.

Abutilon megapotamicum
ABUTILON

☼ ❄❄ ↕↔ 3 m

Cet arbuste vigoureux au port retombant présente de fines tiges et, de la fin du printemps à l'automne, des fleurs colorées qui ressemblent à des lanternes chinoises.

Callistemon pallidus
CALLISTEMON

☼ ❄❄ PH↓ ↕↔ 3 m

Le callistemon est assurément l'un des arbustes persistants les plus exotiques. Ses épis de fleurs jaune crème, qui ressemblent à des écouvillons, apparaissent en été.

Ceanothus arboreus 'Trewithen Blue'
CÉANOTHE

☼ ❄❄❄ ↕↔ 6 m

Ce vigoureux arbuste persistant est idéal pour couvrir une grande surface. Il fleurit plusieurs semaines, à la fin de l'hiver et au printemps. Préfère les sols acides, bien drainés.

Buddleia crispa
BUDDLEIA

☼ ❄❄ ↕↔ 2,50 m

Les feuilles ovales de cet arbuste sont recouvertes d'une pellicule laineuse blanchâtre. Ses petites fleurs parfumées apparaissent en grappes denses en été.

AUTRES ARBUSTES CADUCS POUR FAÇADES CHAUDES ET ENSOLEILLÉES

Abelia floribunda
Abeliophyllum distichum
Buddleia officinalis
Caesalpinia sepiaria
Chimonanthus praecox 'Grandiflorus'
Clianthus puniceus
Colquhounia coccinea
Edgeworthia chrysantha
Indigofera heterantha
Lagerstroemia indica
Lavatera maritima
Prunus mume 'Alphandii'
Prunus mume 'Beni-shidore'
Punica granatum 'Plena'
Ribes speciosum
Viburnum macrocephalum 'Sterile'
Xanthoceras sorbifolium

Cytisus battandieri
GENÊT DU MAROC

☼ ❄❄ ↕↔ 4 m

Cet arbuste est très décoratif, ne serait-ce que par ses feuilles à trois folioles recouvertes d'un soyeux duvet gris argenté. En été, il se couvre de fleurs à parfum d'ananas.

Feijoa sellowiana
FEIJOA
☼ ❄❄ ↕↔ 3 m

Les fleurs estivales de ce persistant ont des pétales charnus comestibles et des étamines cramoisies. Des fruits ovoïdes, comestibles également, apparaissent après un été chaud.

Robinia hispida
ACACIA ROSE
☼ ❄❄❄ ↕↔ 2,50 m

De grandes grappes pendantes de fleurs roses apparaissent de la fin du printemps à l'été. Les branches, cassantes, portent des feuilles composées de nombreuses folioles.

Fremontodendron 'California Glory'
FRÉMONTODENDRON
☼ ❄❄ ↕↔ 8 m

Ce vigoureux persistant produit de belles fleurs jaunes du printemps à l'automne. A tailler régulièrement s'il est contre un muret ou une petite clôture. Pour sol bien drainé.

Rosa x *odorata* 'Mutabilis'
ROSIER À ODEUR DE THÉ
☼ ❄❄ ↕↔ 3 m

Ce vigoureux rosier est apprécié pour ses pousses pourpre foncé, ses jeunes feuilles cuivrées et ses fleurs délicatement parfumées. Contre un mur, il atteindra une taille plus élevée.

AUTRES ARBUSTES PERSISTANTS POUR FAÇADES CHAUDES ET ENSOLEILLÉES

Acacia dealbata
Carpenteria californica
Viburnum odoratissimum

Desmodium tiliifolium
DESMODIUM
☼ ❄❄ ↕↔ 2 m

De la fin de l'été à l'automne, cet arbuste porte de larges grappes de fleurs papilionacées. Sauf en région chaude, il est préférable de rabattre la végétation chaque printemps.

Itea ilicifolia
ITÉA
☼ ❄❄ ↕↔ 5 m

Durant les chaudes soirées de fin d'été et d'automne, les longs chatons verdâtres dégagent un parfum de miel. Les feuilles vert foncé, brillantes, rappelant celles du houx, sont persistantes.

Solanum crispum 'Glasnevin'
SOLANUM
☼ ❄❄ ↕↔ 6 m

Vigoureux et sarmenteux, cet arbuste est persistant en région chaude. De lâches corymbes de fleurs étoilées apparaissent en été. Cette plante nécessite un support.

Arbustes pour murs et clôtures non ensoleillés

CERTAINS JARDINIERS considèrent une façade qui ne reçoit pas le soleil direct comme une malédiction et pensent qu'elle restera de ce fait inesthétique, puisque rien ne pourra y pousser. Or, tant que la luminosité est suffisante, un tel emplacement ne pose pas de problème particulier. De nombreux arbustes (et lianes) peuvent s'y plaire, certains préférant même ces conditions plus fraîches.

Azara microphylla
AZARA
◐ ● ❄❄ ↕↔ 6 m

Cet élégant arbuste peut atteindre la taille d'un petit arbre. Ses rameaux arqués sont recouverts de feuilles et, à la fin de l'hiver ou au printemps, de minuscules fleurs à odeur de vanille.

Chaenomeles speciosa 'Moerloosei'
COGNASSIER DU JAPON
☼ ◐ ● ❄❄❄ ↕↔ 2,50 m

Cet arbuste vigoureux et accommodant porte de grands bouquets de fleurs au printemps et au début de l'été, suivis de fruits aromatiques. A tailler et à palisser.

Chaenomeles × superba 'Rowallane'
COGNASSIER DU JAPON
☼ ◐ ● ❄❄❄ ↕↔ 1,50 m

Il est superbe au printemps, quand les rameaux de l'année précédente disparaissent sous les bouquets de fleurs rouge brillant. Comme 'Moerloosei', à tailler et à palisser contre un mur.

Euonymus fortunei 'Silver Queen'
FUSAIN
☼ ◐ ● ❄❄❄ ↕↔ 2,50 m

Ce bel arbuste persistant sera bas et touffu dans une plate-bande, mais grimpera s'il est palissé contre un mur. Les feuilles vert sombre sont largement panachées de crème.

Forsythia suspensa
FORSYTHIA
☼ ◐ ● ❄❄❄ ↕↔ 3 m

Une taille et un palissage réguliers sont nécessaires, pour éviter que cet arbuste vigoureux ne devienne envahissant. Des fleurs étoilées couvrent les branches au printemps.

Garrya elliptica (forme mâle)
GARRYA
☼ ◐ ● ❄❄❄ ↕↔ 5 m

Du milieu de l'hiver au début du printemps, les branches se parent de longs chatons qui frémissent à la moindre brise. Cet arbuste a des feuilles persistantes coriaces.

Illicium anisatum
BADIANIER
◐ ● ❄❄ ↕↔ 2,50 m

Ce persistant à croissance lente, aux feuilles aromatiques, porte des bouquets de fleurs jaunes étoilées au printemps. Le bois a également un parfum agréable.

Jasminum humile
JASMIN D'ITALIE
☼ ◐ ● ❄❄❄ ↕↔2 m

Les tiges verdâtres de cet arbuste persistant touffu sont garnies de jolies feuilles à nombreuses folioles. Des fleurs jaunes apparaissent du printemps à l'automne.

AUTRES ARBUSTES PERSISTANTS POUR MURS ET CLÔTURES NON ENSOLEILLÉS

Azara lanceolata
Azara serrata
Camellia 'Inspiration'
Crinodendron hookerianum
Euonymus fortunei 'Emerald Gaiety'
Garrya × *issaquahensis* 'Pat Ballard'
Jasminum humile 'Revolutum'
Pyracantha 'Orange Glow'

Kerria japonica 'Pleniflora'
CORÈTE DU JAPON
☼ ◐ ● ❄❄❄ ↕↔3 m

Facile à cultiver, cet arbuste vigoureux a de longs rameaux (qu'il faut palisser), couverts de feuilles dentées. Au printemps, il produit de grandes fleurs jaunes.

Pyracantha rogersiana
PYRACANTHA
☼ ◐ ● ❄❄❄ ↕↔3 m

Des feuilles étroites et brillantes gainent les branches épineuses de ce persistant vigoureux. Les petites fleurs blanches, en début d'été, sont suivies de baies rouge orangé.

AUTRES ARBUSTES CADUCS POUR MURS ET CLÔTURES SANS SOLEIL

Chaenomeles speciosa 'Rosea Plena'
Chaenomeles speciosa 'Nivalis'
Chaenomeles speciosa 'Rubra Grandiflora'
Chaenomeles × *superba* 'Crimson and Gold'
Chaenomeles × *superba* 'Pink Lady'
Cotoneaster horizontalis
Lonicera × *purpusii* 'Winter Beauty',

Jasminum nudiflorum
JASMIN D'HIVER
☼ ◐ ● ❄❄❄ ↕↔3 m

Cet arbuste à floraison hivernale est très apprécié. Ses longs rameaux se couvrent de fleurs jaunes de l'hiver au printemps. A rafraîchir par une taille après la floraison.

Piptanthus nepalensis (syn. *P. laburnifolius*) **PIPTANTHUS**
☼ ◐ ● ❄❄ ↕↔3 m

Le feuillage luxuriant de cet arbuste vigoureux est semi-persistant. Ses grappes de fleurs papilionacées, jaune vif, apparaissent au printemps et en été.

Ribes laurifolium (forme mâle)
RIBES
◐ ● ❄❄ ↕↔2 m

Ce curieux groseillier à fleurs, persistant, demande à être palissé pour pouvoir s'élever. Des grappes pendantes de fleurs apparaissent de la fin de l'hiver au début du printemps.

Lianes à faire grimper dans les arbres et arbustes

SI VOTRE JARDIN manque de murs ou de clôtures, vous pouvez utiliser des arbres ou de grands arbustes comme supports pour vos plantes grimpantes. L'effet sera spectaculaire au moment de la floraison. Il est très important que les vigueurs respectives de la plante hôte et de la liane soient en rapport. Une taille rigoureuse et soigneuse peut être nécessaire pour contrôler le développement de la végétation.

Akebia quinata
AKÉBIE
☼ ◐ ❄❄ ↕↔ 10 m

Les grappes printanières de fleurs brun-pourpre, à odeur de vanille, sont suivies de fruits en forme de saucisse. Cette vigoureuse plante semi-persistante est volubile.

Clematis 'Madame Julia Correvon'
CLÉMATITE
☼ ❄❄❄ ↕↔ 3,50 m

Cette liane volubile produit de magnifiques fleurs à quatre pétales, d'un rouge profond, avec des étamines crème, de l'été jusqu'au début de l'automne.

Clematis rehderiana
CLÉMATITE
☼ ❄❄❄ ↕↔ 7 m

Au milieu d'une végétation de feuilles divisées apparaissent, à la fin de l'été et en automne, des panicules de fleurs en clochette, jaune primevère. Cette liane est volubile.

AUTRES LIANES À FEUILLAGE À FAIRE GRIMPER DANS LES ARBRES

Ampelopsis aconitifolia
Aristolochia macrophylla
Hedera colchica 'Dentata Variegata'
Humulus lupulus 'Aureus'
Vitis vinifera 'Purpurea'

Celastrus orbiculatus
CÉLASTRE
☼ ◐ ❄❄❄ ↕↔ 20 m

Les feuilles de cette liane vigoureuse jaunissent en automne, tandis qu'apparaissent sur les pieds femelles des capsules orangées contenant des fruits rouges durant jusqu'en hiver.

Clematis montana var. *rubens*
CLÉMATITE
☼ ❄❄❄ ↕↔ 10 m

Cette liane volubile forme de denses rideaux de végétation, qui se couvrent de nombreuses fleurs roses à la fin du printemps et au début de l'été. Le feuillage est pourpré.

Hedera colchica
LIERRE DE PERSE
☼ ◐ ● ❄❄❄ ↕↔ 10 m

Cette vigoureuse liane persistante s'accroche seule et peut également convenir comme couvre-sol. Ses feuilles brillantes, vert foncé, sont pointues et coriaces.

Lonicera periclymenum 'Graham Thomas'
CHÈVREFEUILLE DES BOIS
☼ ❄❄❄ ↕↔ 7 m

Cette vigoureuse liane volubile à végétation dense a des feuilles ovales et produit, en été, des fleurs blanches parfumées, devenant jaunes avec le temps.

Polygonum (syn. *Fallopia*) *baldschuanicum*
RENOUÉE DU TURKESTAN
☼ ❄❄❄ ↕↔ 12 m

Répandue et très appréciée, cette liane volubile se couvre d'inflorescences aériennes paniculées, blanches ou teintées de rose, en été et en début d'automne. N'aime pas les sols secs.

Rosa 'Albertine'
ROSIER GRIMPANT
☼ ❄❄❄ ↕↔ 5 m

Variété ancienne, ce rosier sarmenteux présente des tiges épineuses rougeâtres et, en été, d'abondantes fleurs doubles rose saumon, très parfumées.

Rosa filipes 'Kiftsgate'
ROSIER GRIMPANT
☼ ❄❄❄ ↕↔ 10 m

Rampant si on ne le taille pas, ce rosier présente un feuillage vert brillant et, en été, des bouquets de fleurs blanches à cœur jaune, parfumées, suivies de petits fruits rouges.

Tropaeolum speciosum
CAPUCINE ÉLÉGANTE
☼ ❄❄❄ ↕↔ 3 m

En été, des fleurs rouge brillant, portant un éperon, parent cette liane aux tiges volubiles et aux feuilles lobées à long pétiole. Elles sont suivies de fruits bleu vif.

Vitis coignetiae
VIGNE D'ORNEMENT
☼ ❄❄❄ ↕↔ 20 m

Cette vigne vigoureuse grimpe au moyen de ses vrilles. Elle est principalement cultivée pour ses belles feuilles cordiformes, qui virent au cramoisi à l'automne.

AUTRES LIANES À FLEURS À FAIRE GRIMPER DANS LES ARBRES

Clematis 'Jackmanii'
Clematis 'Perle d'Azur'
Clematis viticella 'Purpurea Plena Elegans'
Hydrangea anomala ssp. *petiolaris*
Jasminum offinale
Rosa brunonii 'La Mortola'
Schisandra rubrifolia
Wisteria sinensis

Wisteria floribunda 'Macrobotrys'
GLYCINE DU JAPON
☼ ❄❄❄ ↕↔ 10 m

Au début de l'été, cette vigoureuse liane volubile produit de longues et belles grappes pendantes de fleurs papilionacées parfumées, lilas, teintées de sombre.

Plantes grimpantes à feuillage persistant

SI L'ON EXCEPTE LES LIERRES, le nombre de plantes grimpantes à feuilles persistantes convenant aux régions tempérées fraîches est relativement restreint. Cela les rend d'autant plus précieuses, surtout en hiver, quand leur feuillage apporte une note de couleur au jardin. Elles sont utiles pour masquer des structures inesthétiques ou pour servir d'abri à la faune sauvage. La plupart nécessitent un support ; les plantes s'accrochant seules sont indiquées.

AUTRES PLANTES GRIMPANTES À FEUILLAGE PERSISTANT

Cissus striata
Clematis cirrhosa var. *balearica*
Hedera canariensis 'Gloire de Marengo'
Hedera colchica 'Sulphur Heart'
Holboellia coriacea
Holboellia latifolia
Lapageria rosea
Lonicera japonica
Rosa bracteata
Rubus henryi

Clematis armandii
CLÉMATITE
☼ ❄❄❄ ↕↔5 m

Les folioles de cette liane vigoureuse sont vert sombre brillant. Les fleurs blanches parfumées apparaissent au début du printemps. Préfère une situation abritée.

Pileostegia viburnoides
PILÉOSTÉGIA
☼ ◐ ❄❄ ↕↔6 m

Cette plante à croissance lente s'accroche seule à l'aide de ses racines aériennes. Ses minuscules inflorescences crème s'ouvrent de la fin de l'été à l'automne.

Clematis cirrhosa
CLÉMATITE
☼ ❄❄❄ ↕↔3 m

Les tiges grêles volubiles et les petites feuilles très découpées forment un épais rideau. Les fleurs campanulées, jaune crème, s'ouvrent de la fin de l'hiver au début du printemps.

Hedera helix 'Buttercup'
LIERRE DORÉ
☼ ◐ ❄❄❄ ↕↔6 m

En situation ensoleillée, les feuilles trilobées de cette liane qui s'accroche seule prennent une belle teinte jaune vif en été, bien qu'un excès de soleil puisse provoquer des brûlures.

Trachelospermum jasminoides
JASMIN ÉTOILÉ
☼ ❄❄ ↕↔6 m

Il faut aider à démarrer cette liane, qui s'accroche seule, en la palissant. Elle a des feuilles vert foncé, qui peuvent virer au rouge en hiver. Les fleurs blanches estivales sont très parfumées.

Plantes grimpantes à fleurs parfumées

QUAND ON PARLE DE PLANTES grimpantes à fleurs parfumées, la plupart des gens pensent immédiatement au chèvrefeuille escaladant un grillage. Or il existe de nombreuses autres belles espèces grimpantes dont les fleurs exhalent une senteur tout à fait remarquable. Voici une sélection d'espèces qui embaumeront délicieusement votre jardin.

Clematis flammula
CLÉMATITE ODORANTE
☼ ❄❄❄ ↕↔ 5 m

Les tiges herbacées de cette liane vigoureuse s'ornent de feuilles vertes profondément divisées et, en fin d'été et en début d'automne, de fleurs blanches à odeur d'amande.

Jasminum officinale 'Argenteovariegatum'
JASMIN COMMUN
☼ ❄❄❄ ↕↔ 5 m

Vigoureux et semi-persistant, ce jasmin a des tiges volubiles, des feuilles composées à marge crème et des fleurs estivales blanches (roses lorsqu'elles sont en bouton) très parfumées.

Rosa 'Wedding Day'
ROSIER GRIMPANT
☼ ❄❄❄ ↕↔ 8 m

En été, les boutons jaunes de ce rosier grimpant aux feuilles vert brillant s'ouvrent en fleurs blanc crème, très parfumées. Les inflorescences virent au rose pâle avec le temps.

Wisteria sinensis
GLYCINE DE CHINE
☼ ❄❄❄ ↕↔ 20 m

Cultivée contre un mur, cette liane volubile demande à être taillée. Elle a des feuilles vert clair et des grappes de fleurs estivales parfumées, lilas ou violet pâle.

Decumaria sinensis
DÉCUMARIA
☼ ❄❄ ↕↔ 4 m

Cette liane persistante qui s'accroche seule a des feuilles étroites et pointues et, au printemps, de minuscules inflorescences verdâtres à odeur de miel.

Lonicera periclymenum 'Serotina'
CHÈVREFEUILLE DES BOIS
☼ ☀ ❄❄❄ ↕↔ 5 m

Vigoureuse et volubile, cette liane aux jeunes pousses pourpres porte, en été, des fleurs à long tube, parfumées, pourpres à l'extérieur, jaune pâle à l'intérieur. Produit des baies rouges.

AUTRES PLANTES GRIMPANTES À FLEURS PARFUMÉES

Clematis maximowicziana
Clematis montana 'Odorata'
Clematis montana var. *wilsonii*
Clematis rehderiana
Jasminum × *stephanense*
Lonicera caprifolium
Lonicera fragrantissima
Mandevilla laxa
Rosa polyantha grandiflora
Trachelospermum jasminoides

Plantes grimpantes annuelles et bisannuelles

La plupart des plantes grimpantes issues de semis et traitées comme des annuelles dans les régions fraîches sont en fait vivaces dans la nature ou lorsqu'elles sont cultivées sous climat chaud. Plantées en pot, beaucoup d'entre elles peuvent passer l'hiver sous abri, et certaines peuvent vivre plusieurs années à l'extérieur si on les met à un emplacement abrité, surtout si les hivers sont doux.

Rhodochiton atrosanguineum (syn. *R. volubile*) **RODOCHITON**

☼ ❄ ↕↔5 m

S'épanouissant du printemps à l'automne, les fleurs de cette liane vigoureuse présentent un calice campanulé rouge rosé, d'où émerge une corolle tubulaire pourpre foncé.

Cobaea scandens
COBÉE GRIMPANTE

☼ ❄ ↕↔6 m

Cette vigoureuse liane à vrilles a de curieuses fleurs jaune-vert, en cloche, qui virent au violet-pourpre avec l'âge, et dont le calice, vert, évoque une soucoupe.

Ipomoea 'Heavenly Blue'
BELLE DE JOUR

☼ ❄ ↕↔3 m

Se parant de belles grandes fleurs bleu ciel de l'été au début de l'automne, cette vigoureuse plante volubile, annuelle ou vivace, a des feuilles cordiformes pointues.

AUTRES PLANTES GRIMPANTES ANNUELLES

Asarina barclaiana
Ipomoea alba (syn. *Calonyction album*)
Lablab purpureus (syn. *Dolichos lignosus*)
Tropaeolum peregrinum

Eccremocarpus scaber
BIGNONE DU CHILI

☼ ❄ ↕↔3 m

Cette vigoureuse plante persistante grimpe au moyen de vrilles rameuses. Elle a des feuilles pennées et, en été, des grappes de fleurs tubulaires rouge orangé.

POIS DE SENTEUR

Lathyrus odoratus 'Annabelle'
Lathyrus odoratus 'Anniversary'
Lathyrus odoratus 'Painted Lady'
Lathyrus odoratus 'White Supreme'
Lathyrus odoratus 'World's Children'

Thunbergia alata
SUZANNE-AUX-YEUX-NOIRS

☼ ❄ ↕↔3 m

Une succession de fleurs jaune orangé à cœur noir ornent cette vigoureuse annuelle volubile tout au long de l'été. Les feuilles, nombreuses, sont cordiformes.

Plantes s'accrochant seules

QUELQUES LIANES s'accrochant seules, mis à part les lierres, sont suffisamment rustiques pour les jardins de climat tempéré frais. Ces plantes sont intéressantes, non seulement pour recouvrir des murs ou des clôtures, mais aussi pour habiller les branches ou les troncs d'arbres. Vous trouverez ici une petite sélection de plantes qui peuvent s'agripper grâce à des racines aériennes ou des vrilles munies de ventouses.

Parthenocissus henryana
VIGNE VIERGE
☼ ◐ ● ❄❄❄ ↕↔6 m

Cette vigne ornementale grimpe grâce à ses vrilles adhésives. Ses feuilles digitées, à cinq folioles vertes ou bronze, à nervures argentées, se colorent vivement à l'automne.

Hydrangea anomala ssp. *petiolaris*
HORTENSIA GRIMPANT
☼ ◐ ● ❄❄❄ ↕↔10 m

Cet arbuste vigoureux a des racines aériennes et des tiges dont l'écorce, d'un brun vif, s'exfolie. Ses fleurs blanches, en corymbe aplati, s'ouvrent en été.

Parthenocissus tricuspidata 'Veitchii'
LIERRE JAPONAIS
☼ ◐ ● ❄❄❄ ↕↔15 m

Cette vigne vigoureuse recouvre rapidement les murs de ses feuilles vertes, qui rappellent celles du lierre. Celles-ci prennent une magnifique teinte cramoisie à l'automne.

Hedera helix 'Goldheart'
LIERRE
☼ ◐ ● ❄❄❄ ↕↔3 m

Remarquable et facile à reconnaître, ce lierre a des feuilles persistantes brillantes, vert foncé à centre jaune vif. Il faut couper les rameaux non panachés dès qu'ils apparaissent.

AUTRES LIANES S'ACCROCHANT SEULES

Campsis radicans
Decumaria barbara
Decumaria sinensis
Euonymus fortunei 'Coloratus'
Ficus pumila
Hedera canariensis 'Gloire de Marengo'
Hedera colchica
Hedera colchica 'Sulphur Heart'
Hedera helix 'Cavendishii'
Hedera helix 'Pedata'
Hedera nepalensis
Hydrangea anomala
Hydrangea seemannii
Hydrangea serratifolia
Parthenocissus tricuspidata 'Lowii'
Pileostegia viburnoides
Schizophragma hydrangeoides
Schizophragma hydrangeoides 'Roseum'
Schizophragma integrifolium

Trachelospermum asiaticum
☼ ❄❄ ↕↔6 m

A l'abri du vent, les tiges volubiles de cette liane s'enroulent sur le moindre support. En été apparaissent des bouquets de fleurs odorantes crème, devenant jaunes avec le temps.

ARBUSTES

LES ARBUSTES D'ORNEMENT font le lien entre arbres et plantes vivaces, constituant une strate « moyenne » dans la végétation. Ils se prêtent à de nombreuses utilisations. Les arbustes ont le plus souvent un port caractéristique et une floraison ou un feuillage si décoratifs qu'ils font d'excellents sujets à isoler dans une pelouse ou un massif, où ils donneront le meilleur d'eux-mêmes.

◁ Aucuba japonica *'Crotonifolia'*

△ LE PARADIS DES INSECTES *Les fleurs riches en nectar de l'arbuste aux papillons* (Buddleia davidii) *attirent abeilles et autres insectes.*

ATOUTS DES ARBUSTES

- Arbustes à fleurs et à fruits attirent oiseaux et insectes.
- Vaste palette de ports et de formes.
- Des floraisons en toute saison, même en hiver.
- Ceux à feuillage persistant sont décoratifs en hiver.
- Beaux sujets à isoler dans une pelouse ou un massif bas.
- Se prêtent aux associations avec vivaces, plantes grimpantes, et/ou conifères.
- Précieux pour leur floraison printanière très généreuse.
- Intéressants comme couvre-sol.

La gamme des arbustes va des petites plantes tapissantes aux grands sujets classiques. Entre ces extrêmes, vous en trouverez toute une palette, très précieuse pour la conception des massifs. Rameaux étalés de *Viburnum plicatum* 'Mariesii', tiges arquées des genêts (*Cytisus*) ou dressées de *Viburnum sargentii* 'Onondaga', tous contribuent au dessin du jardin.

RUSTIQUES OU SENSIBLES AU FROID

La plupart des arbustes présentés ici sont rustiques, mais certains préfèrent les situations chaudes et abritées. En région froide, cultivez les espèces fragiles en pot et rentrez-les pour l'hiver. Certains arbustes ont des tiges qui ne résistent pas au froid de l'hiver. Ce sont les sous-arbrisseaux, dont il faut tailler les tiges sèches en fin d'hiver.

CONTINUITÉ OU DIVERSITÉ

Au fil des saisons, tout particulièrement en hiver, les feuillages persistants donnent une rassurante impression de continuité au jardin. Sauf mention contraire, les arbustes présentés dans ce chapitre ont un feuillage caduc. De nombreuses espèces caduques ont un feuillage décoratif, qui présente souvent une forme ou une teinte originales. Certains offrent d'éclatantes teintes d'automne qui illuminent le jardin.

△ COUVRE-SOL Gaultheria procumbens *constitue un couvre-sol efficace et décoratif sur sol non calcaire.*

◁ CORTÈGE PRINTANIER *Rhododendrons et azalées à feuillage persistant offrent de superbes spectacles au jardin.*

▷ MAGIE DE FIN D'ÉTÉ *Cette variété d'hortensia* (Hydrangea macrophylla) *offre une floraison spectaculaire en fin de saison.*

Grands arbustes pour plantation en sujets isolés

DANS LA PLUPART DES JARDINS, on trouve toujours au moins un emplacement pour planter un sujet particulièrement intéressant sur une pelouse, dans une cour ou bien au milieu d'un massif, par exemple. La plupart du temps, le sujet choisi pour être planté isolément est un arbre, mais vous pouvez tout aussi bien opter pour l'un de ces grands arbustes, remarquables par la beauté de leur port.

Aesculus parviflora
PAVIER BLANC
☼ ◐ ❄❄❄ ↕3 m ↔5 m

Formant un large buisson de feuillage, d'abord rouge bronze, puis virant au jaune en automne, il porte en été de longs épis effilés blanc rosé, d'aspect plumeux.

Clerodendrum trichotomum
CLÉRODENDRON
☼ ❄❄❄ ↕3 m ↔4 m

Les feuilles de cet arbuste à port large sont aromatiques. En fin d'été, les boutons rosés ou verdâtres s'ouvrent en bouquets de fleurs très parfumées, suivies de baies bleu turquoise.

Chionanthus virginicus
ARBRE DE NEIGE
☼ ❄❄❄ ↕3 m ↔4 m

Ce grand arbuste buissonnant a de larges feuilles d'un vert profond, virant au jaune à l'automne, et des bouquets légers de fleurs blanches parfumées en été. Éviter les sols secs.

Ligustrum sinense
TROÈNE DE CHINE
☼ ◐ ❄❄❄ ↕5 m ↔5 m

D'abord érigé, cet arbuste à feuillage semi-persistant s'étale avec l'âge. En été, les tiges arquées sont couronnées de grandes inflorescences blanches et parfumées.

Magnolia liliiflora 'Nigra'
MAGNOLIA
☼ ◐ ❄❄❄ PH ↕3 m ↔3 m

Ce très beau magnolia forme un buisson compact aux feuilles vert lustré. Les fleurs en forme de tulipe, rose foncé, se succèdent du printemps au début de l'automne.

Pieris formosa 'Wakehurst'
PIÉRIS
◐ ❄❄❄ PH ↕3 m ↔3 m

Les jeunes feuilles de ce bel arbuste à feuillage persistant sont rouge vif au printemps. Elles succèdent à des bouquets de petites clochettes pendantes, blanches.

AUTRES GRANDS ARBUSTES À UTILISER EN SUJETS ISOLÉS

- *Aesculus californica*
- *Camellia* × *williamsii* 'Brigadoon'
- *Elaeagnus* 'Quicksilver'
- *Genista aetnensis*
- *Hydrangea paniculata* 'Pink Diamond'
- *Mahonia* × *media* 'Lionel Fortescue'
- *Malus sargentii*
- *Photinia* × *fraseri* 'Red Robin'
- *Syringa* × *josiflexa* 'Bellicent'
- *Viburnum plicatum* 'Mariesii'

Arbustes à feuillage remarquable

LES JARDINIERS AVISÉS choisissent les végétaux autant pour leur feuillage que pour leur floraison, souvent éphémère. Cela est particulièrement vrai pour les grands sujets comme les arbustes, qui occupent un espace non négligeable. Lorsqu'un arbuste est décoratif à la fois par son feuillage et par ses fleurs, adoptez-le dans votre jardin : il sera précieux à plus d'un titre. En voici une petite sélection, mais il en existe bien d'autres.

Paeonia lutea var. *ludlowii*
PIVOINE ARBORESCENTE
☼ ◐ ❄❄❄ ↕2,50 m ↔2,50 m

Les tiges lâches à feuilles vert vif très découpées portent des fleurs jaunes, en fin de printemps et en début d'été. L'espèce *P. delavayi*, à fleurs rouge foncé, a le même feuillage.

Fatsia japonica
FATSIA
☼ ● ❄❄❄ ↕3 m ↔3 m

Les grandes feuilles persistantes profondément lobées, d'un beau vert brillant, sont très décoratives et s'agrémentent en automne de bouquets de fleurs blanches, suivies de baies noires.

AUTRES ARBUSTES À FEUILLAGE REMARQUABLE

Aralia elata
Decaisnea fargesii
Hydrangea sargentiana
Magnolia delavayi
Mahonia lomariifolia
Prunus laurocerasus 'Magnoliifolia'
Rhamnus imeritina
Rhus × pulvinata
Rubus odoratus
Sambucus canadensis 'Maxima'
Yucca recurvifolia

Eriobotrya japonica
NÉFLIER DU JAPON
☼ ❄❄ ↕4 m ↔4 m

Cet arbuste ou ce petit arbre a de longues feuilles persistantes vert foncé, coriaces et à nervures marquées. Les fleurs blanches parfumées de l'automne sont suivies de fruits orangés.

Hydrangea quercifolia **HYDRANGÉA À FEUILLES DE CHÊNE**
☼ ❄❄❄ ↕1,50 m ↔2,50 m

Le feuillage lobé, qui se colore vivement en automne, couvre cet arbuste buissonnant en formant un dôme. Belles inflorescences blanches en été et jusqu'en automne.

Rhus glabra
SUMAC
☼ ❄❄❄ ↕2,50 m ↔2,50 m

Les pousses lisses portent des feuilles divisées en folioles régulières, vert bleuté, très colorées en automne. Floraison estivale, suivie de fruits rouge-brun sur les plantes femelles.

Grands rosiers arbustes à planter isolément

DANS LA NATURE, LA PLUPART DES ROSIERS ARBUSTES sont disséminés et disposent de tout l'espace nécessaire pour se développer et pour fleurir. Dans les jardins assez grands, cultivez-les de la même façon, seuls ou en petits groupes que souligneront quelques plantations plus basses. Isolez les formes à port étalé, de façon à pouvoir les admirer de toutes parts.

Rosa 'Complicata'
ROSIER GALLIQUE
☼ ❄❄❄ ↕2 m ↔2,50 m

Ce rosier gallique aux tiges arquées, vigoureuses et épineuses, est très apprécié pour ses fleurs estivales simples, roses à centre blanc, légèrement parfumées. Peut grimper le long d'un arbre.

Rosa 'Mme Isaac Pereire'
ROSIER BOURBON
☼ ❄❄❄ ↕2 m ↔2 m

C'est un ravissant rosier bourbon, vigoureux, épineux, à tiges arquées. Fleurs rose soutenu virant au magenta, très parfumées, se succédant en été et en automne.

AUTRES ROSIERS ARBUSTES À FRUITS DÉCORATIFS

Rosa davidii
Rosa glauca
Rosa 'Hillieri'
Rosa macrophylla
Rosa macrophylla 'Master Hugh'
Rosa moyesii
Rosa roxburghii
Rosa rubiginosa
Rosa rugosa
Rosa setipoda
Rosa sweginzowii

Rosa 'Alexander'
ROSIER HYBRIDE DE THÉ
☼ ❄❄❄ ↕1,70 m ↔80 cm

Cet hybride de thé vigoureux, à tiges dressées, peut constituer une jolie haie libre. Fleurs doubles légèrement parfumées, rouge brillant, de l'été jusqu'en automne.

Rosa 'Iceberg'
ROSIER FLORIBUNDA
☼ ❄❄❄ ↕1,50 m ↔1,20 m

Cette variété à croissance érigée et vigoureuse présente un feuillage brillant et des bouquets de fleurs doubles, légèrement parfumées, en été et en automne.

Rosa 'Marguerite Hilling'
ROSIER ARBUSTE
☼ ❄❄❄ ↕2,20 m ↔2,20 m

Cet arbuste vigoureux, à port compact, se couvre en été et, dans une moindre mesure, en automne de grandes fleurs parfumées rose soutenu à cœur plus pâle.

Rosa moyesii 'Géranium'
ROSIER BOTANIQUE
☼ ❄❄❄ ↕3 m ↔2 m

C'est un grand rosier vigoureux, à port dressé. Les tiges s'arquent progressivement et portent, en été, de petites fleurs en coupe suivies de cynorrhodons rouges plus allongés.

Rosa 'Roseraie de l'Hay'
ROSIER RUGUEUX
☼ ❄❄❄ ↕2 m ↔2 m

Ce vigoureux rosier rugueux offre un feuillage décoratif dense, vert brillant, et, de l'été à l'automne, des fleurs veloutées, cramoisies, très odorantes.

Rosa 'Tour de Malakoff'
ROSIER CENTFEUILLES
☼ ❄❄❄ ↕2 m ↔1 m

Ce rosier à croissance vigoureuse forme un buisson clairsemé et porte en été des fleurs doubles, parfumées, magenta virant peu à peu au pourpre grisâtre. Support parfois nécessaire.

Rosa 'Nevada'
ROSIER ARBUSTE
☼ ❄❄❄ ↕2 m ↔2 m

Cet arbuste vigoureux, à feuillage abondant, donne en été une multitude de fleurs parfumées blanc crème, virant au rose par temps chaud ; moins nombreuses en automne.

Rosa soulieana
ROSIER BOTANIQUE
☼ ❄❄❄ ↕3 m ↔3 m

Les tiges épineuses de ce rosier sont reconnaissables à leur feuillage vert bleuté. Abondante floraison estivale, jaune en bouton, puis blanche lorsque les fleurs s'ouvrent.

Rosa
'Pink Grootendorst'
☼ ❄❄❄ ↕2 m ↔1,50 m

Cet hybride de rugosa à port buissonnant a des tiges épineuses et un feuillage gaufré. Des bouquets denses de petites roses doubles se succèdent de l'été à l'automne.

AUTRES GRANDS ROSIERS ARBUSTES À PLANTER ISOLÉMENT

Rosa 'Alba Maxima'
Rosa 'Alba Semiplena'
Rosa 'Blanc Double de Coubert'
Rosa 'Dupontii'
Rosa eglanteria
Rosa 'Frühlingsgold'
Rosa glauca
Rosa 'Madame Hardy'
Rosa 'White Grootendorst'
Rosa willmottiae

Rosa xanthina 'Canary Bird'
ROSIER BOTANIQUE
☼ ❄❄❄ ↕2 m ↔2 m

Les rameaux arqués de ce vigoureux rosier botanique ont un feuillage finement divisé. Floraison jaune au parfum musqué au printemps, légère remontée en automne.

Arbustes de taille moyenne

C'EST SANS DOUTE parmi les arbustes dont la taille varie de 1,50 à 2,50 m que l'on trouve les plus beaux spécimens. Lorsque l'espace le permet, plantez-les en groupes ou en bosquets, ils feront beaucoup d'effet. Dans un jardin plus petit, un seul de ces arbustes fera un beau sujet à isoler sur la pelouse. Pensez aussi à les associer à des arbustes plus petits, ou couvre-sol, pour donner du volume à vos massifs.

Clerodendron bungei
CLÉRODENDRON
☼ ❄❄❄ ↕ 2 m ↔ indéfini

Des bouquets serrés de fleurs roses parfumées apparaissent en fin d'été et en automne, parmi les feuilles aromatiques cordiformes. Drageonnant, cet arbuste a des pousses pourprées.

Deutzia × *elegantissima* 'Rosealind'
DEUTZIA
☼ ❄❄❄ ↕ 1,50 m ↔ 1,50 m

C'est l'un des plus beaux arbustes à fleurs pour petit jardin, formant un buisson en dôme. Ses tiges arquées sont chargées de bouquets de petites fleurs roses en été.

Exochorda × *macrantha* 'The Bride'
EXOCHORDA
☼ ❄❄❄ ↕ 1,50 m ↔ 2,50 m

Plus large que haut, cet arbuste buissonnant se couvre, au printemps et en début d'été, de fleurs blanc pur. Les tiges arquées à retombantes portent un feuillage dense.

Hydrangea aspera
HYDRANGÉA
◐ ❄❄❄ ↕ 2,50 m ↔ 2,50 m

Les grandes feuilles duveteuses mettent bien en valeur les inflorescences aplaties en « bonnet de dentelle », à fleurons externes blancs, en fin d'été. Redoute les sols secs.

Hydrangea macrophylla 'Lilacina'
HORTENSIA À TÊTES PLATES
◐ ❄❄❄ ↕ 1,50 m ↔ 2 m

Cet arbuste est particulièrement beau en fin d'été, avec ses gracieuses inflorescences aplaties mises en valeur par de fines feuilles pointues. Ne se plaît pas en sol sec.

AUTRES ARBUSTES DE TAILLE MOYENNE À FEUILLAGE CADUC

Berberis linearifolia 'Orange King'
Cytisus scoparius 'Cornish Cream'
Deutzia × *hybrida* 'Pink Pompon'
Lavatera 'Barnsley'
Neillia thibetica
Paeonia lutea var. *ludlowii*
Philadelphus 'Belle Étoile'
Spiraea × *vanhouttei*
Syringa × *persica*
Weigelia 'Mont Blanc'

Lavatera 'Rosea'
LAVATÈRE ARBUSTIVE
☼ ❄❄❄ ↕ 2 m ↔ 2 m

Cet arbuste compte parmi les plus florifères, offrant tout l'été et jusqu'en automne une profusion de fleurs roses sur un feuillage duveteux vert grisâtre.

Syringa microphylla 'Superba'
LILAS

☼ ❄❄❄ ↕2 m ↔2 m

Ce lilas à port évasé et à tiges fines donne, de la fin du printemps jusqu'au début de l'automne, une floraison intermittente, parfumée, en bouquets rose clair, plus foncés en bouton.

AUTRES ARBUSTES DE TAILLE MOYENNE À FEUILLAGE PERSISTANT

Daphne bholua 'Jacqueline Postill'
Escallonia 'Apple Blossom'
Jasminum humile 'Revolutum'

Philadelphus coronarius 'Variegatus'
SERINGAT PANACHÉ

☼ ❄❄❄ ↕2,50 m ↔2,50 m

Le beau feuillage largement bordé de blanc de cet arbuste dense et buissonnant est son principal attrait, rehaussé par une floraison très parfumée en fin de printemps.

Viburnum plicatum 'Pink Beauty'
VIORNE

☼ ◑ ❄❄❄ ↕2 m ↔1,50 m

Les rameaux étalés et disposés en étages portent de jolies feuilles plissées et, en début d'été, des inflorescences aplaties d'abord blanches, puis virant au rose.

Paeonia delavayi
PIVOINE ARBORESCENTE

☼ ◑ ❄❄❄ ↕2 m ↔1,50 m

Les fleurs en coupe, cramoisi foncé, chacune munie d'une bractée foliacée, sont portées en début d'été sur de longs pédoncules au-dessus de feuilles vert vif profondément découpées.

Pieris japonica
PIÉRIS

☼ ◑ ❄❄❄ PH↓ ↕2 m ↔2 m

Cet arbuste à port compact a des feuilles persistantes étroites, coriaces, teintées de bronze à l'état jeune. Bouquets pendants de fleurs blanches en fin d'hiver et au début du printemps.

Viburnum sargentii
'Onondaga' **VIORNE**

☼ ◑ ❄❄❄ ↕2,50 m ↔1,50 m

Le feuillage de cet arbuste vigoureux ressemble à celui de l'érable. Il est bronze au printemps et se colore en automne. Belle floraison printanière en têtes plates roses, puis blanches.

Arbustes de petite taille

La diversité des petits arbustes proposés aux jardiniers est vraiment étonnante. Dans les grands jardins, plantez-les par groupes de trois ou cinq au moins. Si l'espace est plutôt limité, un seul sujet sera mis en valeur s'il est isolé ou inséré dans un cadre de plantations plus basses. La plupart de ceux présentés ici sont amateurs de plein soleil. Ce sont d'excellentes espèces.

Caryopteris × *clandonensis* 'Arthur Simmonds'

☼ ❄❄❄ ↕75 cm ↔75 cm

De nombreux bouquets de petites fleurs bleu lavande agrémentent cet arbuste buissonnant, en fin d'été et à l'automne. Tiges fines, feuilles lancéolées gris-vert.

Cistus × *aguilari*
CISTE

☼ ❄❄ ↕1,20 m ↔1,20 m

En été, il porte de magnifiques fleurs blanches, à pétales marqués de rouge sombre à la base et à cœur jaune. Les feuilles à bord ondulé, collantes au toucher, sont persistantes.

Cytisus × *praecox* 'Warminster'
GENÊT

☼ ❄❄❄ ↕1,20 m ↔1,50 m

Il figure parmi les plus précieux des petits arbustes à fleurs. Ses fines tiges dressées se couvrent en fin de printemps de petites fleurs papilionacées jaune crème, parfumées.

Autres petits arbustes à feuillage caduc

- *Acer palmatum* 'Butterfly'
- *Berberis stenophylla* 'Coccinea'
- *Berberis thunbergii* 'Aurea'
- *Caryopteris* × *clandonensis* 'Heavenly Blue'
- *Cytisus* 'Boskoop Ruby'
- *Daphne* × *burkwoodii* 'Somerset'
- *Daphne mezereum*
- *Hydrangea involucrata* 'Hortensis'
- *Prunus glandulosa* 'Alba Plena'
- *Spiraea japonica* 'Little Princess'

Ceratostigma willmottianum
CÉRATOSTIGMA

☼ ❄❄ ↕1 m ↔1 m

Cet arbuste en dôme large porte, en fin d'été et à l'automne, des fleurs bleu cobalt, quand les jolies feuilles pointues commencent à virer au rouge bronze. Tiges sensibles aux grands froids.

Cistus × *corbariensis*
CISTE

☼ ❄❄❄ ↕75 cm ↔1,20 m

C'est l'une des espèces les plus rustiques parmi les cistes, en large dôme de feuillage ridé, à bord ondulé, couvert en été de fleurs blanches à œil jaune, roses en bouton.

Deutzia gracilis
DEUTZIA

☼ ❄❄❄ ↕1 m ↔1 m

Les feuilles vert vif de cet élégant arbuste mettent remarquablement en valeur les bouquets de fleurs blanc pur qui persistent de la fin du printemps jusqu'au début de l'été.

Fuchsia 'Mrs Popple'
FUCHSIA
☼ ❄❄ ↕1,20 m ↔1,20 m

Parmi les plus rustiques des fuchsias, celui-ci offre un feuillage brillant ainsi qu'une floraison continuelle, en été et en automne, de très belles fleurs pendantes rose et pourpre.

Philadelphus 'Manteau d'Hermine'
SERINGAT
☼ ❄❄❄ ↕75 cm ↔1,50 m

Lorsque se développent, en début d'été, les bouquets de fleurs blanc crème, doubles, parfumées et durables, ils couvrent totalement cet arbuste bas à port compact.

Potentilla 'Abbotswood'
POTENTILLE ARBUSTIVE
☼ ❄❄❄ ↕75 cm ↔1,20 m

Cet arbuste bas, buissonnant, est ponctué, en été et en début d'automne, de jolies petites fleurs blanches ressemblant à des roses miniatures. Feuillage gris-vert finement divisé.

Hebe recurva
HÉBÉ
☼ ❄❄ ↕60 cm ↔1,20 m

Cet arbuste à port compact, bas, forme un dôme de feuilles persistantes étroites, gris bleuté, et offre une floraison généreuse en été, sous forme de fins épis blancs.

Rhododendron yakushimanum
RHODODENDRON
☼ ◐ ❄❄❄ PH↓ ↕1 m ↔1,50 m

Parmi les plus appréciés des petits rhododendrons, il forme un dôme de feuillage persistant dense. En fin de printemps et en début d'été, bouquets de fleurs roses virant au blanc.

AUTRES PETITS ARBUSTES À FEUILLAGE PERSISTANT

Artemisia arborescens
Aucuba japonica 'Rozannie'
Choisya 'Aztec Pearl'
Daphne retusa
Erica terminalis
Halimium ocymoides
Hedera helix 'Poetica Arborea'
Phlomis italica
Pieris japonica 'Little Heath'
Prostanthera cuneata
Sarcococca confusa

Phygelius × rectus 'Moonraker'
PHYGÉLIUS
☼ ❄❄ ↕1,50 m ↔1,50 m

Des longs épis dressés de fleurs tubulaires jaune crème retombants se développent, en été et en automne, sur ce bel arbuste drageonnant à feuillage semi-persistant.

Salix hastata 'Wehrhahnii'
SAULE
☼ ❄❄❄ ↕1 m ↔1,50 m

Ce joli petit saule arbustif est remarquable par ses chatons argentés et soyeux, qui se développent au printemps, avant les feuilles. Ne se plaît pas en sol sec.

Arbustes couvre-sol

LES ARBUSTES QUI ASSURENT une bonne couverture du sol sont très nombreux. Certains spécimens ont des tiges traînantes ou rampantes qui épousent la surface du sol, d'autres ont de courtes tiges arquées ou dressées, qui donnent un effet de dôme. La plupart sont drageonnants. Pour obtenir de bons résultats aussi rapidement que possible, plantez-les par trois, cinq, ou même plus, selon la surface à couvrir. Désherbez toujours très soigneusement avant la plantation. Les espèces présentées ici sont peu exigeantes.

Euonymus fortunei 'Emerald'n' Gold'
FUSAIN
☼ ◐ ● ❄❄❄ ↕60 cm ↔1,20 m

C'est une autre variété peu exigeante, à feuillage persistant coloré, panaché de jaune d'or, se teintant souvent de rose en hiver. Peut être palissé.

AUTRES ARBUSTES COUVRE-SOL À FEUILLAGE PERSISTANT

Arctostaphylos uva-ursi 'Radiant'
Ceanothus gloriosus
Ceanothus griseus 'Yankee Point'
Ceanothus thyrsiflorus var. *repens*
Cistus salviifolius 'Avalanche'
Cotoneaster adpressus
Daboecia cantabrica
Gaultheria procumbens
Rubus tricolor

Cornus canadensis
CORNOUILLER DU CANADA
☼ ● ❄❄❄ PH ↕15 cm ↔30 cm

Les touffes tapissantes de feuilles ovales, brillantes, sont dominées, en fin de printemps et en début d'été, par les fleurs étoilées aux bractées blanches, suivies de baies rouges.

Cotoneaster dammeri
COTONÉASTER
☼ ◐ ❄❄❄ ↕10 cm ↔2 m

C'est l'un des meilleurs arbustes couvre-sol à feuillage persistant. Tiges prostrées, feuillage dense et petites fleurs blanches en été, suivies en hiver de baies rouge vif.

Euonymus fortunei 'Emerald Gaiety'
FUSAIN
☼ ◐ ● ❄❄❄ ↕1 m ↔1,50 m

Très résistant et de culture facile, ce fusain forme un dôme dense de feuilles rondes, bordées de blanc et marbrées de gris, se teintant souvent de rose en hiver.

× *Halimiocistus sahucii*
HALIMIOCISTUS
☼ ❄❄❄ ↕30 cm ↔1,20 m

Cet arbuste bas, buissonnant, à fin feuillage persistant vert foncé, se couvre, en fin de printemps et début d'été, de petites fleurs blanches à cœur jaune évoquant des églantines.